AF306035

DU

COMMERCE MARITIME

EN FRANCE,

ET DE LA PROTECTION QUI LUI EST ACCORDÉE

PAR LE GOUVERNEMENT.

Quæque ipse miserrima vidi
Et quorum pars magna fui....

PAR T. GEOFFROY,

CAPITAINE DE LA MARINE MARCHANDE.

DÉDIÉ AUX AMIS DE LA JUSTICE ET DE LA PROSPÉRITÉ
DE LA FRANCE.

PARIS,

AU COMPTOIR DES IMPRIMEURS-UNIS,

QUAI MALAQUAIS. 15.

1844

IMPRIMERIE DE C.-H. LAMBERT, RUE BASSE-DU-REMPART, 24.

CAUSERIE PRÉPARATOIRE.

Je suppose que le public, avant de hasarder dans la lecture
d'un ouvrage quelconque une portion de cette marchandise
si précieuse que l'on nomme le Temps, aime à connaître à
l'avance celui qui a pris la liberté grande de se mettre en rapport avec lui, ainsi que sa manière de traiter le sujet soumis à
sa haute approbation. C'est, il me semble, le moyen de n'avoir
pas de reproches à se faire, et comme je ne veux tromper personne, quoique je l'aie été bien souvent moi-même, c'est pour
remplir ce devoir que j'ai fait précéder la brochure que je lui
offre de cette espèce de Préface, que je recommande aux
personnes intéressées.

En ce qui me concerne, il y a trente ans que je cours le
monde dans la carrière maritime commerciale, et me faisant
application de cette maxime de Lafontaine que — quiconque
a beaucoup vu, peut avoir beaucoup retenu,—je me suis figuré
que si je consignais quelques-unes des réflexions que j'ai eu le
temps de faire sur ce que j'ai vu, pendant que je sillonnais
quelques centaines de milliers de lieues sur les divers océans,
il pourrait en résulter quelque bien pour la chose publique. Si
je me suis trompé, le mal ne sera pas grand, et j'espère qu'on
me tiendra compte de l'intention. J'ajouterai seulement que
c'est entendant ce qui se dit, et en voyant ce qui se fait par

ceux qui devraient en savoir le plus, que l'idée m'est venue
d'entreprendre le présent travail : car si je conviens avec plaisir que nous disons de fort belles choses, je vois avec bien plus
de regret que nous en faisons de fort mauvaises. L'époque actuelle offre probablement des avantages sur celles qui l'ont pré-
cédée, mais je doute que jamais, dans aucun temps et surtout
dans aucun pays, la puissance de la parole ait plus complètement absorbé celle de l'action. Nous sommes à la lettre gouver-
nés par les mots et les bavards, vérité qui, je le suppose, peut
se passer de démonstration, et cet état de choses est d'autant
plus déplorable qu'il décèle une légèreté ou une insouciance
également funestes au présent et à l'avenir.

La meilleure preuve de ce que j'avance se trouve dans l'effet
produit par l'écrit de M. le prince de Joinville. La veille il n'y
avait qu'une voix pour réclamer des vaisseaux et des flottes,
afin de rivaliser, disait-on, avec les Anglais, et aujourd'hui les
voilà entièrement démonétisés. Un seul jour, un écrit de quelques pages, comme il en a paru trop rarement, il est vrai, a
suffi pour opérer ce prodige; mais il n'en reste pas moins démontré que si nous avons si longtemps persévéré dans la fausse
voie dont il doit nous sortir, et que d'autres avaient déjà si-
gnalée, nous le devons à l'empire des mots, à la gloriole de
pouvoir dire nos vaisseaux, notre flotte. Comme ce sujet se lie
avec le mien, je lui consacrerai quelques réflexions.

Quant à la manière de cet écrit, si toutefois il mérite qu'on
lui en accorde une, comme elle ne ressemblera sans doute à
celle d'aucun autre, je demande la permission d'en parler avec
quelques détails qui me serviront en même temps de profes-
sion de foi.

Je l'ai dit (1) et je le répète, je réprouve de toute ma force
ces hommes qui, mécontents de l'ordre de choses actuel pour
des motifs que souvent ils rougiraient d'avouer, se sont fait un
thème de blâmer tous ses actes, par cela seul qu'ils sont éma-
nés de lui, sans distinguer ce qui est mal de ce qui est digne

(1) Lettre adressée au *Courrier de la Gironde*, le 18 novembre

d'éloges. Ces hommes sont nos plus grands ennemis, car le résultat le plus sûr de leur tactique, si elle réussissait, serait de
nous replonger dans l'anarchie et tous les maux qu'elle traîne
à sa suite.

Mais si je m'élève contre ceux qui blâment tout sans raison
suffisante, je pense que c'est un droit et un devoir pour les
bons citoyens d'exercer leur critique, quand ils croient en
avoir de justes motifs, puisque c'est le seul moyen de mettre
les fautes en évidence et d'en prévenir les effets. Si, comme je
le prévois, il se rencontre ici des paroles amères touchant certaines personnes, je prie le lecteur de ne pas me juger avant
de m'avoir lu jusqu'au bout. Je m'engage à ne pas employer
un seul mot, une seule épithète que je ne la justifie par des
preuves matérielles, et peut-être trouvera-t-il que je suis resté
en dessous d'un droit que j'ai même trop chèrement acheté.

J'ai souvent entendu répéter cette phrase : que l'on doit respect à l'autorité et par suite à ceux qui en sont revêtus : suivant moi c'est confondre les choses avec les mots. On doit
obéissance à l'autorité ou à ceux qui l'exercent pour deux raisons : la première, qu'ils ont pour eux la loi, quand ils l'exercent légalement; la seconde, qu'ils ont la force, *l'optima ratio
terræ*, quand ils l'exercent illégalement. Le respect n'a rien
à voir dans cette affaire. Le respect est la conséquence de l'estime que nous faisons des personnes ou des choses, laquelle
provient de notre manière de voir et de sentir, et ne saurait en
aucun cas s'imposer ou se commander. Prétendre qu'un homme est respectable, c'est-à-dire, à l'abri du blâme, parce qu'il
est revêtu de l'autorité et non pas par la manière dont il en
use, serait ouvrir la porte à tous les désordres et retirer à ceux
qui remplissent leur mandat avec conscience la récompense
qu'ils ont méritée. Je regarde, pour ma part, les employés qui
abusent de leur autorité pour mettre leurs passions ou leur intérêt à la place de leur devoir ou de la justice, ce qui est tout un,
comme les plus coupables de tous les hommes, et justiciables,
faute de mieux, de l'opinion publique. Ce sont eux bien plus

que ses fautes qui ont répandu dans toutes les classes de la société cette désaffection pour le gouvernement, qui n'est que trop réelle, et dont les effets se feront sentir tôt ou tard. Qu'ils soient, comme particuliers, tendres pères, époux fidèles, joyeux convives, ou le contraire de tout cela, c'est ce dont nous n'avons pas à nous occuper; mais en qualité d'hommes publics, c'est-à-dire, grassement payés par nous du plus clair d'un argent que nous avons tant de peine à gagner, je maintiens qu'ils nous appartiennent depuis la plante des pieds jusqu'à la pointe des cheveux, s'ils en ont. Au droit qu'on leur accorde de faire le mal impunément, opposons celui de les stigmatiser aux yeux de la nation tout entière.

Quoi! un hasard fatal, né d'une révolution qui devait nous ramener les temps heureux de l'âge d'or, aura placé à la tête de l'administration du commerce, la plus importante de toutes, un homme qui joint à une ignorance et une fatuité pyramidales, la malveillance la plus criminelle; et nous qu'il persécute, nous qu'il ruine, nous nous tiendrons cois par respect pour son rang dont il est indigne! Cet homme, cause permanente de la décadence de notre commerce, abusant avec lâcheté d'une dictature inconnue jusqu'à ce jour, pourra accabler de vexations les commerçants qui portent à leurs risques et périls notre pavillon et notre industrie aux extrémités du globe; il se fera un jeu de les traîner comme des malfaiteurs de tribunaux en tribunaux; et, chose inouïe dans tous les pays du monde, il aura osé pervertir le texte et l'esprit de lois protectrices pour les tourner contre eux comme des armes perfides, et nous serons tenus vis-à-vis de lui à un silence respectueux! Non, il n'en sera pas ainsi; en attendant la justice tardive qui doit en être faite, et quoi qu'il puisse en arriver, je veux le traduire devant le tribunal suprême de l'opinion, qui sera juge entre lui et nous (car je suis certain de parler au nom de tous les commerçants); et si j'éprouve un regret, c'est, au lieu d'un écrit obscur et que personne ne lira peut-être, de ne pouvoir faire entendre ma voix dans les coins les plus reculés de la France.

D'après ce qui précède, la division de cette brochure est facile à saisir. Dans la première partie j'examinerai brièvement
quelques-unes de nos lois commerciales les plus importantes,
espérant qu'il me sera facile d'en faire ressortir les défauts et
souvent même l'absurdité. Je donnerai en même temps mon
opinion sur le remède à apporter à un état de choses plus funeste au pays qu'on ne peut se l'imaginer avant de s'en être
convaincu par soi-même. Dans la seconde, je ferai voir par des
faits irrécusables comment l'administration des douanes, ou
plutôt l'homme qui en est le despote, a violé sa mission protectrice en accablant les commerçants, pour qui les lois semblent avoir été faites avec quelque raison, d'entraves et de spoliations inconnues dans les autres pays. Si, comme je m'en
flatte, je fais passer ma conviction dans l'esprit du lecteur, j'en
conclurai, et l'engagerai à conclure avec moi, que nous vivons,
commercialement parlant, sous le régime le plus funeste qui
ait jamais pesé sur notre pays, et que si le mal ne paraît pas
aussi grand qu'il devrait l'être, la raison s'en trouve dans une
force vitale étonnante, qui, bien dirigée, pouvait produire les
plus heureux résultats.

Je dois prévenir que toutes les fois qu'il sera question de gouvernement dans ces pages, il ne s'agira que du gouvernement
en matière de commerce. J'aime à croire que dans cette bonne
France, renommée par la douceur de ses mœurs et la justice
de ses lois, tout le monde est parfaitement heureux, et que le
commerce seul, comme bouc émissaire, paie pour tout le
monde. Cette supposition me paraît d'autant plus probable, que,
si le reste de la nation avait été traité comme lui, on peut assurer que le gouvernement actuel n'aurait pas joui d'une si
longue et si paisible existence.

Mais, comme je n'ai pas la plus légère prétention au titre
d'écrivain, et que, toute modestie à part, personne n'est plus
que moi persuadé de mon extrême infériorité sous ce rapport,
je prie le lecteur de me traiter avec indulgence. Il voudra bien
se rappeler qu'il a sous les yeux un écrit sans prétention, c'est-
à-dire, une simple causerie de marin, et qu'il ne doit pas s'at-

tendre à lire de belles phrases, mais du commerce en effectif, sujet malheureusement aussi aride et négligé qu'il est intéressant pour tous ceux qui veulent le bien de notre pays. J'espère qu'une plume plus exercée et plus habile ne tardera pas à me remplacer dans cette carrière, et je m'estimerai heureux d'avoir servi comme nouvel Ennius à un autre Virgile.

Que si l'on trouvait que le moi joue un trop grand rôle dans cet écrit, je ferai remarquer qu'il n'est mis en scène que comme expression de l'intérêt général qu'il représente alors, et que les faits qui me sont personnels sont ceux que je puis citer avec plus de confiance.

Enfin le but de cette brochure est d'appeler sur notre commerce maritime *l'attention des esprits sérieux et réfléchis*

UN MOT SUR LE COMMERCE.

Pour donner au lecteur un avant-goût de ce qui l'attend, je crois devoir lui exposer très-brièvement ma manière d'envisager le commerce.

Le commerce est le lien qui unit entre eux tous les habitants de notre planète sphéroïde, soit qu'on les considère comme parqués dans des royaumes avec des limites naturelles ou artificielles, soit qu'on les divise en nations distinctes les unes des autres. C'est lui qui, par un échange nécessaire de leurs produits, rapproche les hommes de la manière la plus logique et la plus solide, puisqu'elle est fondée sur les besoins et l'intérêt de chacun. Il apporte avec lui la richesse et la prospérité, et par suite le bonheur et la puissance, et l'on pourrait dire des nations qui en sont privées, si cela est possible, que ce sont des corps où la circulation du sang est arrêtée, des corps paralysés.

Sans commerce un peuple tomberait bien vite dans la pauvreté, car ayant nécessairement besoin de productions étrangères à son sol, puisque, par un bienfait de la Providence, aucun ne les réunit toutes, s'il ne les échangeait pas contre ses propres produits, il lui faudrait les payer en argent, ce qui ne s'appelle pas commercer, mais acheter ses provisions. On conçoit sans commentaires que celui qui se trouverait dans cette position serait bientôt au bout de ses ressources, c'est-à-dire, de son argent. Or l'argent, dans l'acception la plus vulgaire du mot, est le signe de la richesse des peuples comme des particuliers. Ceux qui n'en ont pas, ou le moyen de s'en procurer, sont pauvres, et par le temps qui court ne sauraient être puissants ni heureux. Si nous jetons les yeux dans les temps passés, nous verrons qu'à une faible exception près, les peuples qui ont le plus brillé sur la terre par leur grandeur et leurs richesses, les ont dues au commerce, et qu'ils les ont perdues quand il s'est retiré d'eux. Sans aller chercher nos exemples si loin, nous avons auprès de nous celui d'une nation, qui, plus faible que la nôtre et que plusieurs autres, lui doit la domination qu'elle exerce sur tout le globe.

Pour être puissante, par le temps actuel, une nation doit donc être riche, et pour être riche il lui faut du commerce, c'est-à-dire, un commerce qui soit au moins en rapport avec ses besoins. A moins de posséder des mines assez abondantes, je ne vois pas d'autre moyen de remplacer l'exportation du numéraire nécessitée par l'achat des produits étrangers, si ce n'est de les conquérir par la force, ce qui est un moyen tout comme un autre.

Un des plus grands bienfaits du commerce est de procurer au pauvre le moyen de gagner sa vie, mais en donnant au riche celui d'augmenter sa fortune, car ce premier résultat ne s'obtient que comme conséquence rigoureuse du principe qui le suit.

J'oserai pousser la définition plus loin, et avancer qu'il n'est aucun homme, dans quelque sphère qu'il soit placé, qui ne vive du commerce directement ou indirectement, depuis le millionnaire jusqu'au plus humble artisan. Le millionnaire fait vendre le produit de ses terres parce qu'il y a des gens qui en font une opération commerciale, sans laquelle il serait obligé de les garder ou de les détailler lui-même, ce qui en serait encore une, et touche un intérêt de ses capitaux parce qu'il y en a d'autres qui en ont besoin pour les employer dans le commerce. L'artisan vend le produit de son travail et se procure ainsi une existence plus ou moins aisée. Tout le monde vit donc de commerce, la différence existe seulement du grand au petit, dans la qualité et la quantité.

Il existe deux espèces de commerce pour chaque pays : l'un qui se fait à l'intérieur, dont le résultat est de répandre les richesses qui s'y trouvent, et conséquemment d'augmenter le bien-être général; l'autre, qui se fait à l'extérieur, dont le résultat est le même, mais avec ce précieux avantage en plus d'augmenter la masse de ces mêmes richesses. C'est de ce second commerce que l'on prétend s'occuper uniquement.

De cette courte analyse, il résulte que le but principal d'un gouvernement éclairé consiste à étendre le plus possible ses relations commerciales, de même que le premier devoir de tout homme, auquel il a fait part de son autorité, doit être de les favoriser par tous les moyens en son pouvoir; et nous ajouterons que ceux qui par ignorance, et surtout par mauvais vouloir, entravent ce développement si nécessaire, se rendent coupables du plus grand crime qu'il ait été donné aux hommes de commettre, celui de lèse-prospérité nationale.

Pour ne pas abuser de la patience du lecteur, nous résumerons ce chapitre en posant sous la forme d'axiomes les trois conditions essentielles de toute prospérité commerciale, savoir : 1° la liberté la plus illimitée quand elle ne peut nuire à des tiers ; 2° des lois protectrices pour la matière ; 3° des lois protectrices pour les hommes; c'est-à-dire, tout le contraire de ce qui se voit actuellement dans notre pays, quoique tout le monde s'égosille à réclamer contre sa décadence commerciale.

DE LA BALANCE COMMERCIALE.

Il s'agit ici de mon opinion personnelle qui, malheureusement, se trouve en opposition avec celle d'écrivains dont je

reconnais l'éminence du talent, et la haute autorité en matière
d'économie politique. Aussi n'est-ce que sous toute réserve,
et parce que je me dois avant tout à ma conviction, que je vais
soumettre à l'appréciation du lecteur quelques-unes des raisons que je crois devoir leur opposer.

Suivant ces écrivains et économistes, il n'existe pas de balance commerciale, et la richesse d'un pays repose sur ses importations et non sur ses exportations.

Suivant moi, c'est tout le contraire qui a lieu. D'abord il
existe pour chaque pays une balance commerciale, puisqu'elle
est le résultat obligé de toute affaire générale ou particulière ;
et ensuite la richesse d'un pays se calcule sur l'excédant de ses
exportations, c'est-à-dire, sur la qualité de ses produits de
toute espèce qu'il a vendus à l'extérieur, et qui lui a été payée
en argent. Ce que nous avons dit sur le commerce, est un
commencement de réfutation, si nous ne nous sommes pas
trompé.

Supposons un peuple qui n'ait aucun produit de son sol ou
de son industrie à donner en échange pour ce qu'il reçoit de
ses voisins, il faudra nécessairement qu'il s'acquitte en argent,
dont il ne lui restera presque plus rien au bout d'un certain
temps, car on ne peut s'en passer tout à fait. Or la valeur des
choses suit celle de l'argent, et si le peuple dont nous parlons
n'a plus que le dixième de ce qu'il possédait, les choses auront
chez lui dix fois moins de valeur qu'auparavant, et il sera dix
fois moins riche. Je ne prétends pas qu'il ne puisse exister, et
même très-heureux ; cela dépend de la manière dont on en-
visage la question ; mais, d'après nos idées, la richesse étant le
signe de l'abondance et la source du bien-être, il y en aura
chez lui dix fois moins qu'ailleurs. De plus, dans un pays où il
y a beaucoup d'argent, chacun veut en avoir sa part, ainsi que
des jouissances qu'il procure, et de là naissent l'industrie et les
entreprises de tout genre, qui procurent l'existence à tant de
monde. On pourrait citer quelques pays, la Pologne, par
exemple, comme preuves de la funeste conséquence du manque de commerce d'exportation ; mais nous nous bornerons à

ce peu de mots pour établir qu'il vaut mieux pour un pays être riche en argent, ou en marchandises qui le représentent.

Ce que nous venons de supposer pour une nation qui n'aurait aucun moyen d'échange, s'appliquerait, à la longue, à celle qui en aurait moins qu'il ne lui en faut pour solder ce qui lui est nécessaire, c'est-à-dire, qui trouverait chaque année la balance commerciale en sa défaveur.

Continuant de raisonner dans le même sens, il suit de ce qui précède : 1° que plus un pays aura de commerce, c'est-à-dire, de moyens d'échange, et moins l'argent sortira de chez lui ; 2° que la quantité de ce métal qu'il recevra ou exportera, dépendra du résultat de ce commerce, et qu'ainsi il y a une balance payable en argent de toute nécessité. Supposons que dans l'année nous ayons exporté pour une valeur de 100 millions de nos produits et que nous en ayons reçu pour une de 200 : ce sera à peu près 100 millions que nous aurons à payer en argent et dont nous nous appauvrissons. Si les importations étaient le résultat nécessaire des exportations, nous aurions fait un bénéfice, mais il n'en est pas ainsi. Cet excédant de marchandises importées provient de celles que les étrangers nous ont envoyées, de quelque manière que ce soit, et pour lesquelles ils n'ont pu trouver chez nous autre chose en retour que de l'argent, puisqu'on lui préfère toujours les marchandises. Montesquieu dit qu'en Suède on fut obligé d'établir des lois somptuaires, parce qu'on s'apercevait que le pays, recevant plus qu'il ne donnait en commerce, était obligé de payer la différence en argent, ou d'exporter des produits nécessaires, ce qui l'appauvrissait sensiblement. On concevait donc la pauvreté comme résultat de la rareté du numéraire, quoique, suivant les auteur dont je parle, le pays ayant plus reçu qu'exporté eût dû s'en trouver plus riche.

Ces mêmes auteurs nous disent que l'argent étant une marchandise tout comme une autre, du moment qu'il devient rare dans un pays, on lui en apporte du dehors. Je répondrai d'abord que c'est un grand malheur que d'en être réduit à cette extrémité, de même que d'être obligé de faire venir sa sub-

sistance de l'étranger en temps de famine. Ensuite, que l'argent ne s'important qu'en échange d'autres valeurs, le pays
dont nous parlons aurait fini, dans le cas même que l'on oppose, par reconquérir la balance commerciale qui lui était
nécessaire, mais sans doute au prix de sacrifices dont il est très-
important de savoir se préserver.

S'il n'y avait pas de balance commerciale, la richesse des
peuples n'aurait jamais varié, et ils seraient tous également
riches. Or, non-seulement il n'en est pas ainsi, mais nous
voyons dans un même état des provinces inégalement favorisées sous ce rapport, et la différence est toujours en faveur des
plus industrieuses, qui attirent à elles tout l'argent des envi-
rons. Je demanderai comment cette inégalité peut exister, si
ce n'est comme conséquence d'une balance commerciale, et de
quelle manière celle qui reçoit plus solde son compte avec
celle qui reçoit moins, puisqu'il faut toujours en venir là. Il me
semble qu'ici la théorie est en défaut, comme cela lui arrive
quelquefois dans les matières qui ne reposent que sur les mathématiques.

Une preuve matérielle de l'existence d'une balance commerciale payée en argent se tire de la querelle entre les Anglais et les Chinois. Le véritable motif était la diminution
sensible de l'argent du pays qui se nomme sycie, et non une
sollicitude pour la santé des gens, dont ce gouvernement s'inquiète moins que n'importe quel autre. Dans les premiers dé-
bats qui eurent lieu lorsque je me trouvais en Chine, en 1838
ou 1839, on demanda pour chaque navire, avant de le laisser
entamer ses affaires, caution qu'il n'apporterait pas d'opium et
n'exporterait pas de sycie. En effet, le commerce de l'opium
ayant pris une extension considérable, il s'ensuit que les Anglais portent chaque année pour vingt-cinq ou trente millions
de valeur en plus qu'ils n'en reçoivent en marchandises, et que
pour se payer de cette différence ils sont obligés de prendre de
l'argent. De quelle autre manière les Chinois peuvent-ils s'acquitter avec eux, à défaut de marchandises? Je le répète pour
l'information de ceux qui ont cru voir dans cette guerre et

dans la proposition de l'empereur un acte de philanthropie :
la seule, ou au moins la très-principale cause, a été et est de
prévenir la sortie du numéraire, qui est devenu beaucoup plus
rare, et dont l'intérêt est à douze pour cent. Quant aux per-
nicieux effets de l'opium sur le peuple, tous ceux qui connaissent les Chinois savent que c'est là le moindre de leurs soucis[1].

La France reçoit beaucoup plus qu'elle n'exporte, c'est un
fait reconnu ; mais il y a des personnes qui pensent qu'elle ne
s'appauvrit pas, parce qu'elles ne voient pas d'exportation de
numéraire. J'ignore ce qui a lieu à cet égard, mais il me paraît certain que, si l'argent ne sort pas de chez nous, c'est qu'il
existe d'autres causes, indépendantes du commerce, qui nous
le rendent peut-être avec usure. Ce fait ne détruirait pas le
principe que je soutiens, et prouverait seulement que nous serions plus riches de notre balance commerciale si nous n'avions
pas à la payer.

Enfin, s'il n'y avait pas de balance commerciale, et que la
richesse d'un pays reposât sur ses importations, il s'ensuivrait
qu'en ouvrant la France à celles de tous ses voisins elle devrait
y trouver son avantage. Or, on peut assurer, sans crainte de
se tromper, que ce serait lui porter le coup le plus funeste, et
que ceux qui soutiennent le contraire dans des livres, n'ose-
raient pas mettre cette épreuve en pratique. Présumant donc
avoir fait passer ma conviction dans l'esprit du lecteur, nous en
conclurons, jusqu'à meilleur avis, que, pour garder notre richesse métallique, l'accroissement de notre commerce et de
nos exportations est le but vers lequel doivent tendre tous les
efforts du gouvernement, et que, s'il ne lui est pas donné de
parvenir à l'équilibre de notre balance commerciale, il faut au
moins qu'il en approche le plus possible.

---

[1] Il y a une douzaine d'années que le même empereur de Chine
a rendu un édit par lequel la vaccine était défendue sous peine de mort,
sur cette raison : que la population de l'empire augmentait sans cesse,
tandis que l'étendue des terres restait la même. On conçoit que celui qui
ne faisait pas plus de cas de la vie des enfants, ne doit guère s'inquiéter
de ce qui concerne la santé des hommes.

DE LA MARINE MARCHANDE.

Tout le monde en France se plaint, et avec raison, de l'exiguité de notre marine marchande comparée à celles des nations nos rivales, et qu'au lieu de marcher dans la voie du progrès, elle décline sans cesse, tandis que les pavillons étrangers augmentent leur domination dans nos ports ; mais personne, que je sache, n'a cherché d'où provenait ce funeste état de choses et ne s'est adressé à ses véritables auteurs. Comme il ne s'agit que de faits fort simples, et qui ne demandaient qu'un peu de réflexion, je crois avoir trouvé la source du mal, et même le remède qui lui convient, ainsi que j'espère le démontrer. Cependant, avant d'en venir là, il me semble.à propos d'établir, ce qui n'est pas aussi facile, que la marine marchande est bonne en elle-même, c'est-à-dire qu'il vaut mieux en avoir une en propre que de se servir de celle des autres.

Dans les questions commerciales, l'expérience étant le meilleur guide à consulter, je me suis adressé à ceux qui avaient sur nous cet avantage, et j'ai vu que les Anglais, les Américains, les Hollandais, regardaient leur marine marchande comme inséparable de leurs progrès de puissance. Les Anglais, à ma connaissance, lui ont sacrifié une partie du privilége de leurs colonies, et l'on sait ce que sont les colonies anglaises. J'ai entendu dire que le célèbre économiste Huskisson, celui qui périt dans un essai de chemin de fer, répétait comme maxime favorite : «Périsse le commerce plutôt que la marine marchande. » Ce paradoxe dans la bouche d'un homme sérieux avait pour but de démontrer toute l'importance qu'il attachait à cette marine, et qui allait au point de lui faire préférer l'effet à la cause. Appuyés sur l'exemple d'autrui, nous en tirerons cette conséquence, que la marine marchande est à elle seule d'une importance toute première;

Si nous raisonnons d'après nous-mêmes, nous sommes amenés à croire que cette marine est une des sources de la richesse du pays, en même temps qu'elle peut le devenir de défense et de force. C'est elle qui donne la vie aux habitants de nos villes maritimes et de notre littoral, qui forment peut-être un huitième de la population totale, sans compter le débouché qu'elle procure aux produits de l'intérieur soit du sol, soit de l'industrie. A part ces précieux avantages qui ne se trouveraient pas au même degré avec l'emploi de marines étrangères, les navires, à eux seuls, sont des machines tellement coûteuses, et exigeant sans cesse tant de travaux et de fournitures, que le nombre de gens qu'ils font vivre est assez grand pour entrer en ligne de considération, et dépasse peut-être le nombre de bras employés dans toutes nos manufactures.

Mais, dira-t-on, puisque les étrangers naviguent plus économiquement que nous, ne serait-il pas préférable d'en recevoir les denrées qui nous sont nécessaires, lesquelles nous aurions à meilleur marché, et qu'ensuite pour prix du sacrifice que nous leur ferions de notre marine, ils nous accordassent chez eux, pour nos divers produits, des faveurs équivalentes? Ce raisonnement paraît fort au premier aperçu, mais voyons-en les conséquences avant d'examiner notre marine marchande en elle-même, et de montrer que son infériorité tient à des causes qui lui sont étrangères.

D'abord, en supposant le sacrifice en question, il ne faut pas croire que l'exportation augmenterait sensiblement, puisque aujourd'hui les étrangers ne sont gênés par rien sous ce rapport, et qu'après tout, les faveurs qu'ils nous accorderaient chez eux ne seraient jamais telles que nous y fussions sans concurrents. Peut-être prendraient-ils quelques cargaisons de plus, mais ce qui est très-certain, c'est que leurs importations seraient immenses en comparaison, ce qui, d'après nos principes, mettant une trop forte balance en notre défaveur, ne tarderait pas à nous appauvrir. Admettant même que les valeurs des importations et exportations fussent égales, nous aurions toujours à leur payer le prix du transport, ou du frêt, qui, sur l'ensemble des marchandises, représente à peu près le septième de leur valeur.

Les navires étrangers ne venant en France que pour y déposer leurs cargaisons et retourner chez eux, la masse de gens que les navires font vivre serait obligée de chercher fortune d'un autre côté, et les côtés commencent à devenir rares.

Comme, par la législation qui nous gouverne, la plus grande partie de notre commerce se fait par les étrangers, je laisse à juger de ce qu'elle nous coûte.

Avec une marine nationale, les désavantages que nous venons de signaler n'existent pas. Le prix du frêt est une valeur acquise au pays et qui fructifie chaque jour. Par la force des choses les exportations se balancent à peu près avec les importations, comme le démontrent les tableaux statistiques, même sous l'empire des lois qui nous entravent, et enfin une classe nombreuse de la nation lui est redevable de son existence.

Il est vrai que n'ayant plus de marine marchande et de colonies, la marine militaire deviendrait inutile, ce qui serait une grande économie ; mais il reste à savoir si, privés de toute force maritime, nous ne jouerions pas par trop le rôle du lion amoureux. Je pense que nous entretenons une force militaire hors de toute proportion avec nos besoins, et comme le prince de Joinville, que nous suivons une mauvaise direction ; mais je ne prétends pas qu'il faille se priver des moyens de soutenir la guerre en cas de nécessité.

Ces principales raisons, car il n'en manque pas pour et contre, semblent faire pencher la balance en faveur d'une marine nationale, en ce qu'elles réunissent les considérations générales et secondaires. Opérer le désarmement complet de notre marine marchande, ou, ce qui revient au même, la traiter sur le pied de l'égalité avec celles des étrangers, pourrait en définitive être une mesure avantageuse au pays, car qui peut prévoir les conséquences d'une affaire aussi compliquée ; mais, comme il y a incertitude à cet égard ; que personne ne le demande et que rien ne nous oblige à en venir là ; comme il est de la sagesse de ne pas détruire avant d'être sûr de réédifier sur de meilleures bases; que la conservation d'une marine nationale se lie à l'existence des colonies, si l'on juge à propos de les conserver et de les augmenter, et qu'enfin elle entre comme principal élément du système de défense par mer, système qui ne doit pas être négligé, nous en conclurons que le peu de marine que nous possédons doit être maintenu, et son extension encouragée par des lois autrement protectrices que celles aujourd'hui en vigueur.

Après avoir établi que la marine marchande est avantageuse au pays, nous allons examiner en peu de mots les motifs de l'infériorité où la nôtre se trouve vis-à-vis des étrangers.

Ces motifs sont au nombre de trois principaux : 1° la cherté de toutes les matières qui entrent dans l'armement des navires ; 2° l'exiguité de nos affaires, conséquences des lois vicieuses; 3° l'influence très-mal à propos accordée sur elle à la direction militaire.

De tous les objets qui entrent dans l'armement d'un navire, comme voiles, cordages, mâture, métaux, provisions, etc., il n'en est pas un seul, je crois, qui ne nous coûte plus cher, et quelquefois du double, que chez nos voisins. Cela se conçoit aisément ; nous produisons moins que nos besoins en tout genre, ce qui est déjà un motif de hausse ; et comme la différence, qui nous vient de l'étranger, est soumise à des droits très-forts pour favoriser notre production, il s'ensuit que les prix se maintiennent très-élevés. Le fer seul, dont il est fait une si grande consommation, leur revient à moitié du prix que nous le payons ; et nous verrons plus tard, quand nous examinerons la protection de nos lois, combien cette différence peut influer sur une opération. Sans nous arrêter aux détails, je pose en fait que, si un navire français ne coûte pas plus cher qu'un navire anglais (pour une raison que je ne veux pas dire) lors de sa première mise à l'eau, son entretien matériel est plus coûteux, et peut s'évaluer à 5 ou 6 pour cent de sa valeur totale.

Le second motif de la cherté du frêt comme de nos produits

manufacturés découle de l'exiguité des affaires, à laquelle il faut ajouter leur peu de suite, résultat obligé de notre système de lois. Ceux qui se lancent dans les opérations maritimes, courant chez nous de plus grands risques, veulent des bénéfices proportionnels, et se retirent s'ils ne les obtiennent pas. Il faut ensuite qu'ils retrouvent l'intérêt de leur argent, qui est à 6 pour cent, tandis que chez nos voisins il n'est que de la moitié. Admettant pour ces diverses causes une infériorité en commerce de 5 pour cent, nous aurons, en y ajoutant la précédente, un total de 10 pour cent, qui suffirait pour nous interdire toute espèce de lutte.

Quant au troisième motif, nous l'examinerons dans un chapitre à part.

Avec un peu de réflexion, le lecteur peut voir que la marine proprement dite, ou nos marins, sont tout-à-fait étrangers à cet état de choses, puisqu'il provient de la protection accordée aux produits du sol et de l'industrie. Car si l'on arme deux navires, égaux en tous points, pour n'importe quel voyage, et que l'un d'eux soit monté par un équipage anglais ou américain, on peut expédier le second avec un pareil équipage composé de Français et être sûr qu'il se fera tout aussi bien.

Il y avait, pour des administrateurs qui auraient raisonné et se seraient occupés de leur affaire, un moyen bien simple de rétablir l'équilibre : c'était de donner à la navigation une partie de la protection qu'on a si libéralement accordée à nos manufactures, que l'on a favorisées par des droits prohibitifs ou par la prohibition elle-même. Pour agir ainsi, on s'est proposé sans doute de ne pas retirer à nos ouvriers le travail qui les fait vivre et de nous affranchir d'un tribut aux étrangers ; mais je demande si nos marins ne sont pas dans le même cas que les ouvriers, et quelle différence il existe pour nous, puisqu'on nous oblige à donner notre argent, que ce soit à la navigation ou aux manufactures étrangères. Comme ce qui reste à dire se rattache au commerce proprement dit, nous allons passer à l'examen de nos lois commerciales.

DE NOS LOIS COMMERCIALES.

Les lois commerciales ne sont autre chose que des lois de douane ; c'est-à-dire qu'elles se résument en perception de droits. Rien ne saurait donc être plus essentiel pour nous que d'avoir un système de droits bien entendu, en harmonie non-seulement avec les exigences du commerce, mais avec les besoins de la consommation,

Pour que, dans l'état actuel des choses en France, une loi commerciale soit parfaite et qu'elle renferme tout son esprit, il lui faut trois conditions : 1° que le pavillon et l'industrie nationale soient suffisamment protégés contre la concurrence étrangère ; 2° qu'elle contribue le plus possible à étendre la consommation qui alimente le commerce, source de richesse pour les uns et de travail pour les autres ; 3° que l'état retire de ses droits le plus grand revenu possible.

Comme dans notre pays la grande consommation se fait par une classe peu aisée, il est rationnel, pour qu'elle puisse satisfaire ses besoins, que les droits soient modérés, c'est-à-dire, le plus bas possible. Quelques personnes craindraient peut-être que cette diminution ne fût préjudiciable au trésor, heureusement il est facile de les rassurer. L'expérience a prouvé jusqu'à ce jour que la consommation avait augmenté dans la proportion de l'abaissement des droits, même à l'avantage du trésor, et qu'ainsi nous n'étions pas encore rendus à la limite réclamée par ces deux intérêts. Cette vérité est même tellement reconnue par nos voisins, que sir R. Peel en a proposé l'application comme moyen d'augmenter les recettes du trésor.

Il s'agit donc simplement de découvrir la limite où la diminution des droits ne favoriserait plus assez la consommation pour maintenir les revenus du trésor ; et il y a des moyens logiques de la déterminer en procédant par expérience. Pour rendre ma pensée plus sensible par un exemple, nous choisirons le café comme denrée de grande consommation. En ce moment il est imposé à 43 cent. la livre venant de l'Inde, provenance favorisée, c'est-à-dire, plus qu'il ne coûte sur les lieux mêmes, et celui qui vient d'Amérique paie un droit double de sa valeur dans le pays. Il est évident que si ces droits étaient réduits de moitié, ce qui diminuerait de plus d'un quart le prix actuel, la consommation en serait infiniment plus considérable, l'homme du peuple trouvant une grande différence à avoir quatre livres pour le même prix qui lui en donnait trois. Une pareille manière de raisonner s'appliquerait aux denrées trop imposées, et la conséquence de cet excès de consommation serait, comme nous l'avons dit, un accroissement considérable de commerce et de navigation qui me semblent n'être entrés pour rien dans les calculs qui nous dirigent, si toutefois on s'abaisse aux calculs. Je me bornerai à ce peu de mots, qui n'est qu'accessoire à mon sujet, et je passe à la protection de notre pavillon, principal but de cet écrit.

Puisque, ainsi que nous l'avons vu plus haut, on oblige notre marine à faire payer son frêt plus cher que les étrangers, il était de toute justice de compenser ce désavantage. Afin de déterminer l'étendue de la compensation, le législateur avait à établir en chiffres, ce qui était on ne peut plus facile, le montant de notre infériorité. Les renseignements qu'il eût recueillis lui ayant appris, je suppose, qu'un navire anglais se contenterait en retour de l'Inde d'un frêt de 80 à 90 fr., tandis qu'il en faudrait 140 à 150 au navire français, il aurait donc d'abord protégé son frêt de 60 fr. environ. Ajoutant ensuite quelque chose pour la nationalité, il aurait porté la protection totale entre 70 et 80 fr. par tonneau pour tout navire venant de ces contrées.

Passant au commerce ou aux marchandises, le même législateur eût reconnu que, si une protection de 80 fr. suffit au pavillon, elle peut être nulle pour le négociant, dont l'intérêt est surtout à considérer : 80 fr. peuvent à la rigueur suffire quand il s'agit de denrées de peu de valeur, comme le sucre et le riz, qui valent de 4 à 500 fr. le tonneau, mais ils deviennent nuls comparés à celle de l'indigo, du thé, etc., qui peuvent valoir de 10 à 20,000 fr. le tonneau. Adoptant donc pour base de la protection la valeur réelle des marchandises, il l'aurait fixée dans une limite réclamée par nos besoins, et, suivant moi, elle doit être entre le tiers et le quart de cette valeur.

Si nous examinons nos lois actuelles ou le tarif, nous voyons les marchandises divisées en trois classes : celles qui sont assez protégées, celles qui le sont trop peu, et celles qui ne le sont pas du tout. Il est donc évident qu'il pèche par principe ; et pour rendre la chose plus claire, nous allons mettre sous les yeux du lecteur deux cargaisons représentant ces trois divisions, et extraites des deux dernières que j'ai rapportées.

CARGAISON FAVORISÉE D'UN NAVIRE DE 400 TONNEAUX VENANT DE L'INDE (1), ET D'UN NAVIRE ÉTRANGER QUELCONQUE VENANT DE N'IMPORTE OU.

ESPÈCE de MARCHANDISES.	POIDS.	TONNAGE.	VALEUR approximative en entrepôt.	DROITS par navires français.	DROITS par navires étrangers	PROTECTION du navire français par tonneau.	RAPPORT de la protection à la valeur de la marchandise par tonneau.
Sucre	500,000	250	125,000	165,000	233,750	275 »	0,5500
Indigo	75,000	50	500,000	20,625	165,000	2,887 50	0,2887
Canelle.	60,000	100	50,000	10,890	33,000	221 10	0,4422
		400	675,000	196,515	431,750	Protection moyenne.	0,4266

(1) Provenance favorisée.

CARGAISON TROP PEU OU PAS FAVORISÉE, D'UN NAVIRE DE 400 TONNEAUX VENANT DE L'INDE, ET D'UN NAVIRE ÉTRANGER VENANT DE N'IMPORTE OÙ.

MARCHANDISES.	POIDS.	TONNAGE.	VALEUR approximative en entrepôt.	DROITS par navires français.	DROITS par navires étrangers.	PROTECTION par tonneau.	RAPPORT de la protection à la valeur de la marchandise, par tonneau.
Etain.	200,000	100 »	200,000	550	4,400	38 50	0,0179
Riz.	300,000	150 »	75,000	4,125	14,850	71 50	0,1430
Sagou	100,000	50 »	50,000	22,550	24,805	45 10	0,0451
Cuirs.	100,000	80 »	80,000	550	605	0 69	0,0069
Camphre.	10,000	6 »	40,000	4,125	4,466	34 10	0,0057
Musc.	0,005	0,002	5,000	137	148	4,125 »	0,0021
Plumes, parure .	100	0,20	50,000	220	230	48 10	0,0002
Porcelaine chine	2,000	2,0	12,000	3,597	3,789	96 25	0,0160
Foulards	1,000	1 »	50,000	6,600	8,250	1,650 »	0,0300
Soie écrue. . . .	5,000	3,50	125,000	125	125		
Objets		5 »	15,000	2,250	2,250		
Vin étranger. . .		3 »	3,000	3,000	3,000		
		400	705,000	47,829	66,918	Protection moyenne.	0,0221

Il résulte de ces tableaux, dont le premier pourrait être augmenté de quelques articles, et le second pourrait l'être à l'infini, qu'ils se contredisent entre eux formellement, en opposition avec cette règle, que toutes les marchandises qui concourent au même but ont droit à une égale protection, et qu'il n'y a aucun article de commerce à négliger. Nous allons établir la comparaison.

Les denrées d'importation se divisent en deux classes, l'une destinée à la consommation intérieure, et l'autre propre à l'industrie ou à l'exportation. Si, dans la première classe et le premier tableau, nous prenons le sucre, et dans la même classe et le second tableau, le riz, le sagou, etc., nous voyons que la première est protégée de 275 fr. par tonneau et de 0,55 de sa valeur, tandis que les deux autres le sont de 71 fr. 50 cent. et 0,143, et 45 fr. 10 cent. et 0,045. Il y a donc ici contradiction formelle et mauvais calcul d'un côté ou de l'autre.

Si nous passons à la seconde espèce de denrées dans le premier tableau, nous voyons que l'indigo est protégé de 2,887 fr. 50 cent. et de 0,28 de sa valeur, tandis que la soie, les cuirs, etc., ne le sont pas du tout. Or, si l'indigo, comme matière importante pour les manufactures, a été protégé du quart de sa valeur, sans qu'on ait cru nuire à notre industrie, je demande pourquoi la soie, les cuirs, qui sont dans le même cas, ont été traités d'une manière différente. Si les industries qui nécessitent l'indigo n'ont pas souffert de la surtaxe étrangère, sur quoi s'est-on fondé pour conclure qu'il en eût été autrement pour la soie, les cuirs, etc. ; et si cette surtaxe devait nuire à ces dernières, n'est-il pas clair que l'indigo, et autres matières semblables, étaient dans le même cas? Il me semble difficile de sortir de ce dilemme.

Ce qui me paraît incompréhensible, c'est d'avoir osé admettre une infinité de produits naturels et fabriqués, avec égalité de droits par navire français et étranger. Quel encouragement avons-nous à aller les chercher à grands frais au bout du monde, lorsque ceux qui en veulent peuvent se les procurer sur des marchés toujours abondamment pourvus, en se donnant le plaisir de voyager sur mer pendant quelques heures? Ne dirait-on pas que nos lois ont été faites dans l'intérêt de tous nos voisins? Notre commerce est tellement bas que, même avec les droits protecteurs dont il est question, les marchandises nous arrivent encore de l'étranger, et déterminent le cours de notre marché. Je laisse à penser ce qui a lieu pour celles qui sont traitées sur le pied de l'égalité.

Je dois dire comment les marchandises assez favorisées nous arrivent en concurrence, car on conçoit que le sucre et la canelle ne peuvent venir par navires étrangers, si ce n'est accidentellement : c'est par le cabotage. Le cabotage , qui a son mérite propre, est très-préjudiciable à la navigation proprement dite, et aux grandes opérations. Cela se conçoit aisément, puisque, si les denrées qu'il nous apporte des entrepôts voisins n'obtenaient pas une faveur par son intermédiaire, il faudrait qu'elles nous arrivassent directement des pays de production par nos navires. On a donc sacrifié les grandes affaires aux petites , dans l'intérêt de la navigation étrangère, et je ne serais pas étonné que plus de la moitié de notre consommation, même en denrées privilégiées, ne nous arrivât par le moyen du cabotage. Il y aurait bien des choses encore à ajouter à ce sujet, mais j'espère en avoir dit assez pour attirer l'attention du lecteur, but principal de cet écrit.

J'ai promis un exemple de l'influence du prix du fer employé sur nos navires et sur ceux de nos voisins. Dans le deuxième tableau, on voit que la protection des navires français est de 19,000 fr.; mais la différence entre le prix de ses chaînes et ancres seulement étant de 5,000 fr. environ, il s'ensuit qu'il influe de 25 p. 0/0 sur la protection, qui n'est elle-même déjà que des deux centièmes de la valeur de la cargaison. Je sais bien qu'on n'achète pas des chaînes et ancres à chaque voyage, mais il arrive très-souvent qu'on en perd, et l'on est encore obligé de payer des droits sur celles que l'on a achetées en voyage, en remplacement de celles perdues.

Et si nous admettons que par les causes existantes notre commerce maritime soit seulement inférieur de 10 p. 0/0 à celui des étrangers, nous verrons qu'il lui aurait fallu une protection de 70,000 fr. sur la seconde cargaison, au lieu de celle insignifiante de 19,000 fr. qui lui est accordée. N'est-il pas singulier de voir en regard une cargaison de 685,000 fr. protégée de 236,000 fr., c'est-à-dire, de plus du tiers de sa valeur, sur des productions qui viennent des mêmes pays? Il a fallu , pour tolérer aussi longtemps un régime si désastreux, l'insouciance la plus coupable ; car quoique notre directeur-général n'ait pas inventé la poudre, il ne fallait, pour porter remède au mal, qu'une attention superficielle et un peu de bonne volonté. On

croirait que nos législateurs se sont imaginé que tout le commerce reposait sur le sucre et quelques autres articles, ou que,
craignant de voir le nôtre prendre un trop grand développement, ils ont voulu faire la part de tout le monde. On dirait presque qu'ils ont été payés pour protéger les intérêts des étrangers
aux dépens des nôtres. Rien n'explique, en effet, ce partage
bénévole de faveurs, puisqu'on ne peut donner aucune raison
quelconque pour les avoir appliquées à un commerce d'économie dont nous devions devenir les victimes. Ce que le pays a
souffert de cette absence de système est à peine croyable, et il
en est résulté que les deux tiers de notre commerce et de notre
navigation se font par les étrangers.

Quelquefois aussi le législateur est resté en dessous de ses
intentions, faute de renseignements suffisants. Ainsi le café de
Java, payant 43 centimes par navires français et 55 par la Hollande, on s'est imaginé qu'il était protégé de 12 centimes;
mais comme elle nous fait payer 7 centimes 44 de droits, sur
les lieux de production, il s'ensuit que nous ne sommes d'abord
favorisés que de 4 cent. 66. Admettant ensuite qu'elle nous envoie autant de café que nous en apportons nous-mêmes, elle
se trouve avoir en réalité pour avantages sur nous, la différence
entre les droits que nous lui avons payés, qui entrent en dé-
duction de son prix, et 4 cent. 66, c'est-à-dire, qu'elle est en
réalité privilégiée de 2 cent. 78. Si l'on considère ensuite que
les droits sur nos marchandises sont double dans tous les pays
de l'Inde, on concevra que notre commerce offre plus de difficultés qu'on ne se l'imaginait. Par le traité avec la Hollande ses
cafés nous viennent avec la protection apparente de 4 cent. 66;
mais, en fait, on a ouvert la porte à tous les cafés du monde
venus chez elle, n'importe comment, parce que le créateur ne
les a pas marqués d'un signe particulier. Si nous consommons
en France d'autre café que celui de nos colonies et celui venu
par la Hollande, c'est qu'elle en trouve ailleurs un placement
plus avantageux. Si enfin elle ne paraît pas en introduire beaucoup, c'est qu'elle trouve plus commode de se passer de la formalité des douanes; cette admirable administration préférant

entretenir des masses d'employés dans les ports, où ils sont inutiles et nuisibles, à les envoyer sur la frontière où ils gêneraient la contrebande. C'est un singulier gouvernement que le nôtre, avouez-le, lecteur ; mais il me reste encore des choses plus curieuses à vous apprendre.

Que les hommes qui ont bâclé nos lois commerciales aient ignoré la condition première d'un travail aussi important, c'est ce qui a droit d'étonner, dans un pays comme le nôtre, où la science et le mérite ne sont pas rares ; mais que ces mêmes hommes aient eu l'air avec cela de se moquer de nous, c'est ce qui me paraît dépasser le *quid libet*. J'appelle se moquer des gens, leur présenter des nombres compliqués, qui ont l'air d'avoir été choisis avec intention, comme s'ils étaient le résultat de profondes combinaisons, tandis qu'ils ne reposent sur rien. Ainsi, par exemple, je vois dans notre tableau que le sagou paie 41 fr. par navires français et 45 fr. 10 cent. par navires étrangers, les 100 kilog. Que font là ces 10 centimes qui ne doivent pas être entrés, sans motif, dans une combinaison où tout repose sur des calculs motivés ? Est-ce que cette denrée eût été trop protégée si l'on avait mis 46 ou même 45 fr. 50 c., ou bien qu'elle ne l'eût pas été assez en laissant 45 fr. seulement ; et que, enfin, un calcul rigoureux, comme cela devait être, eût démontré que ces 10 cent., sans plus ni moins, formaient la limite exacte réclamée par tous les intérêts ? Faites bien attention, lecteur, que ces centimes ne doivent se trouver là pour aucune autre raison, sans être le résultat d'une mystification administrative ; car ce n'est pas une faute d'impression puisqu'ils jouent le rôle le plus important dans le tarif, comme vous pouvez vous en assurer. Ainsi, dans notre tableau, les cuirs paient 1 fr. et 1 fr. 10 c. ; le camphre, 75 et 81 fr. 20 c. ; le musc, 100 fr. et 107 fr. 50 c. ; les plumes, 400 fr. et 417 fr. 50 c. ; la porcelaine, 164 fr. et 174 fr. 70 c., etc. En homme simple que je suis, j'avais cru d'abord qu'ils étaient venus là par hasard, comme leurs confrères les entiers ; mais ils reparaissent trop souvent pour qu'il en soit ainsi, et je suis disposé maintenant à croire qu'ils sont le résultat de quelque grand effort d'imaginative. Je vais faire tous les miens pour les expliquer, avec l'intention de vous en faire part dans un ouvrage que je publierai tout exprès ; car ces centimes glorieux m'empêcheraient de dormir, comme Thémistocle, les lauriers de Miltiade. En attendant, je promets une récompense honnête à celui qui voudra bien me dispenser de cette peine.

MOYEN DE DONNER A LA FRANCE UN COMMERCE MARITIME.

Si des raisonnements logiques et l'appui de l'expérience sont des garanties suffisantes pour l'adoption d'un projet, celui que je vais soumettre à l'appréciation du public me semble les réunir au suprême degré. Je ne le propose néanmoins qu'en attendant le chef-d'œuvre que nous avons droit d'exiger des efforts et du talent de notre directeur-général, payé justement pour s'occuper de cette affaire (sans compter ce qu'il sait fort bien se payer à lui-même). Tous les négociants qui ont eu des rapports avec lui sont là pour attester sa sollicitude extrême pour leurs intérêts et ceux du commerce ; et persuadé, quant à moi, que ce travail occupe toutes ses pensées, j'ai les plus fortes raisons de croire qu'il ne tardera pas à paraître, sinon dans ce siècle-ci, au moins dans un de ceux qui le suivront.

Ce moyen très-simple que je propose, sans en être l'inventeur, mais pour l'avoir reconnu pratiqué par nos voisins qui ne s'en sont pas trop mal trouvés, consiste à lancer un acte de navigation dont voici les principaux articles :

1° La navigation entre la France et tous les pays du monde est ouverte aux navires français.

2° Les ports de France sont ouverts à tous les pavillons étrangers, mais seulement pour les produits du sol et de l'industrie de la nation à laquelle ils appartiennent, toute autre importation leur étant interdite.

3° Toutes les importations sous pavillon français, de quelque contrée qu'elles viennent, jouiront d'une protection déterminée par les exigences.

4° Toutes les denrées dites coloniales, à dénommer, ne pourront entrer en France que par navires français venant des pays hors d'Europe et soumis à des droits proportionnels à la longueur de la navigation.

Voilà quatre petites phrases, et je me trompe fort, ou elles contiennent tout notre avenir commercial. Avec cet acte nous pourrions avoir un commerce actif et régulier, ce qui est impossible sous les lois actuelles, et voici comme. En commerce, il faut beaucoup de calcul, de celui au moins qui repose sur les probabilités; ainsi, quand je veux, par exemple, envoyer un navire dans l'Inde pour en rapporter les produits, je m'informe de la quantité qui se trouve sur le marché, comparée avec la consommation; du nombre de navires partis ou à partir, etc., et sur ces données je décide ou non mon opération. Avec l'acte ci-dessus elle pourrait toujours se faire à la rigueur, car ne devant craindre que la concurrence de gens ayant les mêmes moyens que moi, et pas plus d'envie de perdre leur argent, si je trouve plus de concurrence que je n'avais calculé, mon résultat pourra être moins bon et même me donner de la perte, mais l'intérêt des autres me garantit qu'elle restera dans de certaines limites. Le commerce étant excessivement variable de sa nature, c'est un très-grand point que de savoir à quoi s'en tenir sous le rapport si redoutable de la perte. Bien des gens s'intéresseront dans une affaire qui offrira la chance d'un bénéfice médiocre, avec toute garantie contre la perte, et peu voudront de celle où l'on peut gagner beaucoup et perdre de même.

Mais quand la concurrence vous arrive de tous côtés sans qu'il soit possible de rien prévoir, et qu'elle est traitée sur le même pied que vous, ou à peu près, il n'y a plus de combinaison possible et conséquemment d'affaires grandes et suivies. Ainsi admettant que j'aie armé le navire en question pour aller dans l'Inde chercher la cargaison figurée dans le second tableau, si pendant mon absence il est venu en Amérique, en Angleterre, en Europe enfin, une surabondance de ces mêmes marchandises, dont on ne trouve pas le placement sur les lieux, on nous les envoie comme pis-aller pour les vendre à tout prix, et à mon retour, obligé de suivre le cours du marché, j'éprouve une perte considérable. Quoique les choses se passent ainsi fort souvent, remarquez bien, lecteur, qu'il est pour les étrangers un moyen plus avantageux de nous faire la concurrence, qui est de nous expédier leurs navires directement. Qu'est-ce qu'une différence de 2 p. 0/0 sur la valeur d'une cargaison pour des gens qui font de grandes spéculations, et qui ont sur nous tant d'avantages?

Si l'on m'objectait notre traité avec l'Angleterre, je répondrais qu'il ne change rien à l'état des choses, et qu'il a seulement été fait en faveur des tiers. C'est dommage qu'il soit antérieur au règne du directeur actuel, car c'est un morceau digne de son génie, comme le traité avec la Hollande.

Pour lutter avec les étrangers, la navigation mise à part, il faudrait être, comme eux, lancés dans les grandes opérations, ce qui nous est impossible, parce qu'il faut commencer par perdre dans les petites. Voilà pourquoi nous n'avons qu'un commerce de pacotille et quelques opérations de raccroc, et comment il se fait que nos voisins sont en possession de nous approvisionner des marchandises de tous les pays. La cause de notre infériorité commerciale provient exactement de notre peu d'affaires et de l'impossibilité d'en entreprendre de grandes, faute de lois suffisantes. Elle est la même que pour nos manufactures, qui produisant peu, et conséquemment plus cher, ne peuvent soutenir la concurrence, et seraient bientôt anéanties, si, au lieu de la prohibition ou de droits équivalents, elles n'avaient qu'une protection dérisoire comme la nôtre. Qui expliquera cette contradiction dans la manière d'apprécier deux intérêts qui nous sont également importants?

On peut admettre le commerce direct parce qu'il est limité et repose sur de certaines unités connues ; mais en permettant celui d'économie, on ne sait plus ce qu'on accorde. C'est nous obliger à entrer en lice avec des gens dont nous ne connaissons ni les ressources ni les intentions, c'est-à-dire, à lutter en aveugles, ce qui est contraire à l'esprit du commerce qui ne veut d'autres chances que celles qu'il connaît.

Si quelqu'un m'objectait que c'est un avantage pour le pays de recevoir ses provisions à meilleur marché, je lui répondrais que le prix d'achat est bien moins important que la manière de le payer ; que ce surcroît d'importation de la part de l'étranger, qu'il y perde ou qu'il y gagne, ce qui ne change rien à notre position, est la principale cause du déficit de notre balance commerciale ; que, comme il n'y a pas de bien possible sur cette terre sans inconvénient, c'est à nous de voir si le commerce et la navigation ne compensent pas le bon marché de quelques denrées ; que la France est un pays assez industrieux et d'assez de ressources, pour que cette différence dans les prix disparaisse entièrement, quand nous nous serons fait concurrence à nous-mêmes, parce que la différence du prix du frêt est insensible sur celui des marchandises en général ; qu'enfin il n'y a aucune raison pour refuser à la navigation la protection accordée aux manufactures, puisqu'elle représente un intérêt au moins égal pour le pays.

L'acte en question présente l'immense avantage de pouvoir obtenir l'approbation des Chambres, en ce qu'il ne choque les intérêts de personne, et celui, qui n'est pas moindre, qu'aucune nation ne peut s'en plaindre. Chacune d'elles peut exiger que, par réciprocité de faveurs, nous lui accordions d'apporter elle-même sur notre marché les denrées de son propre crû, mais aucune d'elles n'a jamais pu prétendre à exploiter notre commerce d'économie. On nomme ainsi le commerce entre deux pays qui se fait par un tiers, celui entre la Chine et la France, qui serait par exemple entre les mains des Anglais. Il existe aujourd'hui une infinité de marchandises qu'un navire américain, anglais, turc, chinois, peut aller chercher en Angleterre, en Espagne, n'importe où, et sur lesquelles il ne paiera pas plus de droits que le navire français qui les apportera du bout du monde. Nous avons donc accordé aux étrangers une faveur gratuite, et conséquemment absurde, puisqu'elle est préjudiciable à nos intérêts.

Pour donner au lecteur une idée de l'influence des droits, supposons que ceux sur le sucre et le café, qui soutiennent notre chétive navigation, fussent seulement abaissés de deux sous par livre sur navires étrangers : dès ce jour elle aurait cessé d'exister.

Aujourd'hui les étrangers font plus des deux tiers de notre navigation, avec l'acte que je propose ce serait justement le contraire qui aurait lieu et dans un espace de temps très-rapproché. Quelque incertitude que présente l'avenir, rien ne nous empêche de l'essayer, puisqu'il ne peut en résulter aucun inconvénient, et qu'il vaudra toujours mieux que ce qui existe, en tant du moins qu'il ne saurait être pire. Si le lecteur veut s'en assurer par lui-même, il n'a qu'à jeter les yeux sur le résumé des renseignements fournis par l'administration des douanes que je donne dans le chapitre suivant.

SUR LE TABLEAU DU COMMERCE DE FRANCE DANS L'ANNÉE 1842, PUBLIÉ PAR LA DOUANE.

Mon intention est de présenter au lecteur l'analyse des principaux aperçus qui résultent de ce tableau, lesquels confirment ce que j'ai précédemment avancé.

Importation par mer	Par navires étrangers.	492 millions.
	Par navires français. .	270 id.
Exportation id.	Par navires étrangers.	372 id.
	Par navires français. .	243 id.

		Tonnage.
Navires à voiles entrés et sortis	Etrangers, 13,202.	1,609,000
	Français, 7,392.	612,000

		Caboteurs.
Il y a dans le nombre de navires	5,228	303,000

Nous possédons 215 navires de 300 tonneaux et au-dessus :
436   id.   de 2 à 300 tonneaux ; le reste peut être considéré comme cabotage.

Le total de nos importations par mer et par terre a été de. . . . . 1142 millions.

Total des exportations. 940   id.

Différence en faveur des importations.   202 millions.

Il suit des diverses données qui précèdent :

1° Que les étrangers ont importé 120 millions de plus qu'ils n'ont exporté par mer.

2° Que les importations et exportations ont été à peu près égales par navires français.

3° Que, bien que le nombre des navires étrangers entrés et sortis ne soit que du double, il est triplé quant au tonnage.

4° Que sur le nombre des navires français il y en a 5,228 appartenant au cabotage, c'est-à-dire, qu'il n'en reste plus que 2,000 pour la grande navigation, ou un peu plus du septième des navires étrangers, et qu'ils n'ont opéré que sur 300,000 tonneaux, c'est-à-dire, moins du cinquième des étrangers.

5° Que ce qu'on appelle notre marine marchande est indigne de ce nom et au-dessous de la marine hollandaise.

6° Que nous avons perdu en balance commerciale 200 millions, et que je désirerais savoir la manière dont nous nous sommes acquittés, si ce n'est pas avec notre argent.

Il faut une certaine audace pour oser publier des documents semblables sans pleurer à chaudes larmes, et même oser venir nous assurer qu'il n'y a pas de quoi s'en préoccuper, tout étant pour le mieux. Si je me lançais dans les réflexions qui me pressent, je craindrais d'abuser inutilement de la patience du lecteur ; je me bornerai à une seule.

Une chose me frappe dans ce tableau, c'est de voir dans les colonnes des tableaux : — Navigation réservée, Navigation de concurrence, et que la navigation de concurrence soit décuple de la navigation réservée. — Je suppose qu'on entend par réservée celle de nos colonies ; mais, je le demande, qui empêchait de nous réserver aussi celle de l'Inde, de la Chine, etc., et celle des autres parties du monde, au moins pour ce qui n'en vient pas par la navigation directe du pays? De quel droit et surtout dans quel but a-t-on réservé une navigation d'un côté et ouvert la concurrence de l'autre? Est-ce qu'il ne s'agit pas toujours du même principe, et peut-on faire plus d'un côté et moins de l'autre sans être en contradiction avec soi-même? Bien plus, si une navigation avait dû être mise en concurrence, c'eût dû être plutôt celle de nos colonies, puisque de l'abaissement du frêt il en serait au moins résulté pour elles, c'est-à-dire, pour le pays, un certain avantage.

Ainsi que je l'avais avancé, la moitié de nos importations se fait par cabotage; mais comme le cabotage ne nous apporte guère que des denrées venues dans les entrepôts de l'Europe par la grande navigation, il s'ensuit qu'il est lui-même une prime accordée à la navigation étrangère au détriment de la nôtre.

J'ignore sur quelle base la douane a établi la valeur des denrées, mais on peut être certain que celle des importations n'a pas été augmentée ni celle des exportations diminuée. Dans tout cela il n'est pas question de la contrebande qui est de je ne sais combien de dixaines de millions.

Comme correctif à ce funeste état de choses, on nous présente avec satisfaction un accroissement de recettes de douze millions sur l'année précédente. Or cet accroissement, qui porte uniquement sur les droits à l'entrée, ne prouve que deux choses : l'une, que nous avons consommé plus que l'année dernière, tandis que nous avons exporté 22 p. 0/0 en moins, c'est-à-dire, environ 100 millions; l'autre, que les denrées consommées ont été apportées chez nous par navires étrangers.

Il est possible qu'il se trouve dans ce que nous venons de dire des motifs pour la douane d'annoncer un commerce florissant, parce qu'elle ne le voit pas ailleurs que dans ses coffres; mais en ce qui nous concerne, nous, nation française, on peut assurer qu'il ne saurait guère être pire. Si les choses continuent sur ce pied pendant un certain nombre d'années, il est possible que les recettes atteignent un chiffre si élevé qu'il ne nous restera pas assez d'argent pour les payer.

UN MOT SUR LA PROHIBITION ET LES DROITS A LA SORTIE.

Le lecteur voudra bien se rappeler, pour ce qui va suivre, le principe que nous avons établi en commençant, que la richesse d'un pays repose sur ses exportations.

Bien que toute prohibition soit illégale, on conçoit jusqu'à un certain point celle qui s'exerce à l'entrée. Elle est illégale en ce qu'elle nous prive du droit de satisfaire à notre gré nos besoins ou nos désirs, droit auquel on peut mettre des restrictions dans l'intérêt de la société, mais qui ne doit jamais être méconnu. S'il me convient, par exemple, de m'habiller en drap anglais ou en indienne belge, la société, aux avantages de laquelle je participe, sous condition de m'acquitter en partie vis-à-vis d'elle par ma dépense, peut exiger une indemnité, si je veux l'en priver, et elle se trouve dans la taxe imposée sur ma fantaisie. — C'est ainsi, ce me semble, qu'on devrait raisonner dans un pays que l'on dit libre ; car me priver du droit d'acheter des objets étrangers, suppose celui de m'empêcher d'aller dépenser la même somme ailleurs qu'en France.

Pour ce qui est de la prohibition à la sortie, j'avoue qu'elle dépasse mon entendement, et pour rendre ma manière de voir palpable, je vais l'appliquer au premier exemple venu, disons les chiffons. Si les chiffons peuvent se vendre plus avantageusement à l'étranger que chez nous, il en résulte, 1° que ceux qui les auraient exportés avec profit, ne trouvant plus de concurrence, sont obligés de les donner à plus bas prix et privés ainsi que le pays du bénéfice qu'ils y auraient acquis. 2° Que la concurrence, au moyen de laquelle tout commerce s'agrandit, n'existant plus, celui-ci meurt frappé d'impuissance par cette espèce de monopole. Vous avez, il est vrai, favorisé nos manufactures de papiers, mais il reste à savoir si ce qu'elles ont exporté a compensé la perte générale et particulière causée par la baisse du prix de la matière. Vous avez abandonné le positif pour l'incertain. Il semblerait aussi qu'on n'a pas le droit, dans un même pays, de sacrifier une industrie à une autre, de faire baisser le prix des choses dans certaines mains pour l'élever dans d'autres. Ici l'égalité parfaite est de rigueur. Comment expliquer la prohibition des chiffons quand la laine ne paie aucun droit à la sortie, puisque ce sont deux matières premières?

Parmi les prohibitions, il en existe une très-singulière selon moi : c'est celle des armes de guerre, sur lesquelles j'avais voulu spéculer à mon dernier voyage. Est-ce qu'on aurait voulu nous empêcher d'en fournir à nos ennemis si nous en avons? Mais je ne me rappelle pas que cela nous soit jamais arrivé, puisque nous-mêmes en demandons à nos voisins, et qu'ensuite, avec de l'argent, je ne crois pas qu'on en ait jamais manqué, pas plus que d'autre chose. C'est justement parce que notre industrie était en arrière sous ce rapport, qu'il fallait lui ouvrir le champ le plus large, et même l'assister, comme toutes celles que l'on veut encourager. Il fallait, s'il était nécessaire, lui donner une prime comme aux étoffes. Supposez que quelqu'un eût trouvé, ce qui est fort possible, le moyen de fabriquer ces armes à assez bon marché pour les exporter en concurrence avec nos voisins, il n'aurait pu profiter de sa découverte qu'avec le gouvernement, qui peut-être n'en eût pas voulu. C'est ce qui s'appelle tuer l'industrie de gaîté de cœur. Pour qu'elle déploie toutes ses ressources, il faut qu'elle soit libre avant tout : on la retrouve ensuite au besoin. En résumé, les exportations doivent être non-seulement libres, mais favorisées, voudrait-on exporter la France elle-même : agir autrement, c'est priver le pays de ses ressources. On conçoit qu'il s'agit ici des produits de l'industrie et non de ceux nécessaires à la subsistance du peuple.

Les droits à la sortie, quand ils influent sur la valeur de la marchandise, ressemblent à la prohibition ; les autres, quelque faibles qu'ils soient, ne sont pas justes pour deux raisons : 1° sur les produits industriels, parce que, s'il y en a de favorisés par des primes, il est conséquent que les autres ne soient pas entravés par des droits ; 2° sur les matières premières, qui, ayant payé un droit à l'entrée, doivent avoir au moins la sortie franche. L'entrée est une faveur qu'on accorde moyennant un droit ; mais du moment qu'elle ne vous convient plus, il semblerait que l'on doit être libre de ne pas en user sans payer encore de nouveau. Les Anglais dans leurs colonies, et peut-être en Angleterre, vous remboursent même une partie des droits, ce qu'on appelle drawdack ; mais il est vrai qu'ils ont d'autres principes commerciaux que nous, s'il est vrai que nous en ayons. Si les droits d'exportation ne grèvent pas le commerce, ils présentent l'extrème inconvénient de la gêne par les formalités qui les accompagnent. N'était-ce pas le cas de lui laisser un peu de liberté, si l'on n'a pas l'intention de la réduire à un mot vide de sens? Il résulte de ces droits et prohibitions à la sortie une série d'entraves et de vexations dans les armements et les expéditions, dont on ne peut se faire une idée sans les avoir éprouvés. C'est un des moyens d'encouragement à l'usage de la douane.

DES RAPPORTS ENTRE LA MARINE MARCHANDE ET LA MARINE MILITAIRE.

Avant de traiter un sujet, il est essentiel de le définir ; je poserai donc cette question, que je pense résoudre à la satisfaction générale : Qu'est-ce que la marine du commerce? C'est une carrière que l'on embrasse comme toutes les autres sans distinction, pour y gagner sa vie et essayer d'y faire fortune. Il ne peut être question de ceux qui la suivent pour leur agrément, le nombre en étant on ne peut plus limité. Ainsi l'on devient marin du commerce exactement pour la même raison que l'on devient savetier, tailleur, employé, directeur-général, etc., etc., à cela près qu'il faut passer par un apprentissage un peu plus long et un tant soit peu plus pénible. Or comme toutes les professions, à ce que j'ai entendu dire, ont droit en France à la même protection, et les hommes à une parfaite égalité, nous en conclurons qu'un marin du commerce a, ou plutôt doit avoir les mêmes droits qu'un savetier, un tailleur, etc.

Mais en dehors de l'égalité politique, il existe une inégalité d'estime pour chaque état, relative à sa plus ou moins grande utilité générale, au plus ou moins de capacité nécessaire pour l'exercer. Ainsi, quoiqu'un épicier et un ingénieur soient parfaitement égaux en fait, l'estime publique ne les place pas sur le même niveau. Un des états les plus utiles, et conséquemment les plus considérés, est sans doute celui de négociant, puisqu'on y expose ce qu'on a de plus précieux, sa fortune; et parmi les négociants, ceux qui semblent tenir le premier rang, sont les armateurs et les marins du commerce, qui sont exposés aux plus grandes chances. Eh bien! si je disais qu'il existe en France une classe d'hommes rejetés de la loi commune, ainsi que des parias, et que cette classe s'appelle les marins du commerce, on m'accuserait d'exagération à plaisir, quoique ce soit l'exacte vérité, si l'on doit s'en rapporter aux actes plutôt qu'aux paroles. Nous allons passer aux preuves en ce qui regarde la direction militaire, nous réservant d'examiner, dans la seconde partie de cette brochure, celles qui se rapportent à la direction commerciale.

Puisque nous n'avons pas assez de marins, et que l'on est d'accord sur la nécessité d'en augmenter le nombre, il paraissait logique de rendre la carrière facile et accessible à tout le monde. C'est cependant tout le contraire qui a lieu; et l'on impose aux prétendants des obligations et des entraves comme s'ils aspiraient à une grande faveur. Ainsi, supposons un jeune homme quelconque, dégagé de ses devoirs envers l'état : s'il veut devenir marin du commerce, il faut, avant qu'il parvienne au grade de capitaine, but de son ambition, qu'il passe au service militaire au moins trois années. Or ces trois années sont non-seulement perdues, mais, admettant qu'il y apprenne quelque chose, ce sera justement le contraire de ce qui lui convient pour sa carrière future.

Chacun sait que le service est essentiellement antipathique à tous ceux qui n'y entrent pas par vocation, et que l'absolue nécessité peut seule en commander l'épreuve. La plus grande partie des jeunes gens de familles aisées qui ont débuté avec moi se sont retirés devant cette obligation ; et comme la fortune est une condition nécessaire pour les entreprises commerciales, c'étaient les sujets qui devaient être les plus utiles. Je sais que la création des volontaires a beaucoup adouci la rigueur de l'épreuve ; mais elle n'en reste pas moins entachée du vice d'illégalité et de quelques conditions répulsives.

Elle est illégale. 1° parce que la loi devant être une pour tous, si elle permet de se faire remplacer pour le service de l'armée, elle ne peut le refuser pour celui de la marine ; 2° parce qu'elle prive des citoyens du droit de choisir une carrière indépendante du gouvernement. Je dis indépendante, parce que la marine du commerce se payant elle-même, en même temps qu'elle paie beaucoup à l'état, est par ce seul fait dans la catégorie des industries particulières. Il n'existe pas une raison valable pour exiger plutôt un temps de service d'un homme qui se destine à cette carrière, que de celui qui veut être épicier ou tailleur ; on pourrait ajouter qu'elle est vicieuse au fond, puisqu'elle va contre le but qu'on doit lui supposer.

Après l'obligation du service vient celle d'un examen que l'on rend chaque année plus rigoureux, par suite des mauvais principes que l'on a adoptés. Je m'explique. D'après l'organisation actuelle, le seul moyen de se délivrer de l'obligation constante du service étant le grade de capitaine, tout le monde cherche à le devenir ; mais la marine, qui ne voit pas sans regret tant de gens lui échapper, augmente autant que possible les difficultés. Au lieu de se borner à l'examen des connaissances rigoureusement nécessaires, elle leur en impose qui ne devraient être que facultatives, et qui dans la suite sont parfaitement inutiles. Qu'arrive-t-il ? c'est que bien des hommes

qui eussent parfaitement conduit leur navire par les moyens
pratiques de la théorie, et d'autres qui sont instruits, mais qui
n'ont pas la facilité des démonstrations mathématiques, sont
repoussés comme incapables, tandis qu'ils eussent été d'excel-
lents sujets pour le commerce. Et remarquez bien que ces
hommes repoussés restent toute leur vie sous la férule du service, et peuvent à chaque instant être levés comme matelots,
quelle que soit leur position sociale. On conçoit qu'il n'y a que
la plus grande confiance en soi-même ou une extrême nécessité qui puissent engager à courir une telle chance.

Une preuve que les examens ne font pas les marins et que
même ils sont inutiles, se tire de ce qui se passe en Angleterre,
en Amérique, en Hollande, où l'on en sait un peu plus long
que nous sous le rapport maritime. Dans tous ces pays le premier venu peut être capitaine, du moment qu'il trouve un
navire, n'aurait-il jamais vu la mer, et nous ne voyons pas qu'il
en résulte aucun inconvenient, puisque leurs navires ne se
perdent pas plus que les nôtres. Ceci se démontre par les affaires des assureurs qui sont excellentes chez eux, et générale-
ment mauvaises chez nous ; mais cette latitude donnée aux
entreprises est excellente pour les encourager, et elle profite
à tout le monde, en augmentant la masse des affaires.

Si je répétais tout ce que j'ai écrit aux Ministres à ce sujet,
je mettrais une brochure dans une brochure ; je me bornerai
donc au court exposé qui précède, pour montrer au lecteur
qu'il n'est pas aussi commode de devenir marin qu'il se l'imaginait. J'ajouterai pour sa satisfaction cette vérité qu'une expérience de trente ans me permet de lui garantir, c'est que notre
nation est aussi propre à la marine que n'importe quelle autre,
et que, si nous sommes si en arrière sous ce rapport, la faute
provient comme pour notre commerce d'une organisation vicieuse. Nous allons prouver maintenant que les marins marchands sont à peu près traités comme une caste inférieure,
par la marine royale qu'ils ont l'avantage de payer. On voudra bien remarquer que je m'adresse aux règlements et non
aux hommes dont je n'ai aucunement à me plaindre, et

qu'ainsi on ne saurait m'accuser d'aucune aigreur personnelle.

D'après les ordonnances, un navire marchand qui en rencontre un de guerre doit le saluer trois fois de son pavillon.

Quand un navire de guerre arrive ou se trouve sur une rade avec un navire marchand, ce dernier est obligé de lui envoyer un canot pour le prévenir de son arrivée, qu'il ne verrait pas sans cela, et de prendre ses ordres; et s'il s'y refuse, le capitaine peut être mis aux arrêts pendant huit jours. Il existe une infinité d'autres obligations, mais je me bornerai à celles-ci qui suffiront pour éclairer la religion du lecteur.

Relativement à la première obligation, je demanderai si contraindre un marin, ou un commerçant par mer, à saluer un navire ou une personne quelconque, n'est pas le placer dans une position inférieure, et si ce n'est pas exactement la même chose que d'obliger un marchand ou un particulier à saluer le régiment qui passe dans la rue. La marine militaire est payée comme l'armée pour nous défendre en cas de besoin, mais je ne crois pas qu'on leur ait encore accordé de droits sur les personnes. Entre celui qui paie et celui qui est payé il y a pour le moins égalité de position. Si l'on voulait un exemple de cette supériorité que s'arroge la marine militaire sur celle du commerce, elle se trouverait dans celui rapporté par les derniers journaux, où un capitaine de chaloupe canonière a mis aux fers le patron d'un navire caboteur, avec moins de façon que si c'eût été un nègre esclave. Si pareil abus de la force avait eu lieu envers un chiffonnier, il y aurait eu presque un soulèvement; mais qui diable s'inquiète de ce qui se passe en mer, et qui plus est y entend quelque chose? Pourvu que le public soit amusé par de belles paroles, il n'en demande pas davantage. En attendant, la marine marchande qui est si utile à l'état en temps de paix, et qui en temps de guerre ferait probablement plus que la marine de guerre, lui est abandonnée comme aliment pour sa vanité.

Quant à la seconde obligation, je ne crois pouvoir mieux la faire apprécier, qu'en mettant sous les yeux du lecteur la lettre que j'ai écrite à ce sujet au commandant de notre station en

Chine, de laquelle je retrancherai ce qui ne va pas droit à mon sujet.

Macao, 19 février 1842.

MONSIEUR CÉCILE,

Commandant la frégate de sa Majesté l'Erigone.

MONSIEUR LE COMMANDANT,

Lors de mon arrivée ici, vous m'avez fait l'honneur de m'écrire pour me rappeler que, conformément aux ordonnances, je devais me rendre à votre bord pour y prendre vos ordres. Je suppose que vous avez eu connaissance du refus que j'ai adressé au commandant de l'*Héroïne* à cet égard, refus qui a dû vous faire prévoir que j'en opposerais un pareil à votre prétention. Qu'il en soit ainsi ou autrement, comme vous m'avez donné le temps de vous répondre, je vais le motiver de deux manières qui, je l'espère, vous satisferont également.

La première, qui est matérielle, si je puis m'exprimer ainsi, est qu'avant mon départ j'ai prévenu M. le Ministre de la marine de ma résolution future, et que, n'ayant pas reçu de réponse, je suis autorisé à regarder son silence comme une approbation.

La seconde, qui est la manière logique, ou l'exposé des motifs, va demander un certain développement dans lequel j'entrerai d'autant plus volontiers que cette lettre sera sans doute envoyée par vous à son Excellence et deviendra le complément des raisons fort nombreuses que je lui ai déjà exposées.

En France, comme en tous autres pays, je le crois, il existe des règlements ou ordonnances dont on peut se plaindre sous quelques rapports, mais auxquels on doit cependant se soumettre, parce qu'il n'y aurait pas de gouvernement possible, si chacun pouvait, au gré d'un intérêt privé, opposer résistance à l'autorité ; mais je pense aussi que, quand ces ordonnances sont contraires aux droits les plus reconnus et les plus sacrés, il est du devoir d'un bon citoyen de leur résister par tous les moyens en sa puissance. J'irai même plus loin en ajoutant que la soumission en pareil cas est coupable, parce qu'il ne peut résulter que du mal des empiétements de l'autorité....

La charte qui nous régit a établi, comme base première et fondamentale, la liberté et l'égalité, politiques s'entend, et vous savez combien de sang nous avons répandu, combien de révolutions

nous avons soufffertes pour arriver à la conquête de ce principe.
Or, qu'est-ce que la liberté, je vous le demande, si ce n'est la fa-
culté de disposer de nos personnes, biens et actions, indépendam-
ment de toute volonté humaine, et l'égalité n'est-elle pas elle-
même la véritable liberté, puisqu'on ne peut être libre qu'avec
des égaux? C'est de ce principe, que l'on voudrait fouler aux pieds
vis-à-vis de la marine marchande, que je vais partir pour vous
démontrer l'illégalité de votre prétention.

L'ordonnance sur laquelle vous vous appuyez (peut-être même
en possédez-vous quelques milliers ; car c'est une denrée fort commune en France) viole directement et fort mal à-propos, puisque
c'est sans nécessité, le principe qui nous régit. Vous ne pouvez
vous empêcher de reconnaître qu'il n'existe pas en France un
homme vivant de son industrie, depuis le plus humble artisan jusqu'au plus riche particulier, qui ne soit entièrement libre de ses
actions, indépendant et l'égal, toujours politiquement parlant, de
tout autre homme dans quelque sphère élevée qu'il soit placé : sur
quelle loi pourriez-vous donc appuyer votre prétention à me donner des ordres (à moins que ce ne soit sur celle que vous avez
faite vous-même), à moi qui suis un marchand tout comme un
autre ? Vous considérez donc ceux qui font le commerce par mer
comme le rebut de la société et mis hors de la loi commune ? Qu'un
méréchal de Fance aille donner des ordres à un simple ouvrier, à
moins qu'il ne le paie, et celui-ci l'enverra promener sans que
personne puisse le trouver mauvais. Il est vrai, comme l'a dit
Molière, qu'il ne faut pas aller chercher la justice en pleine mer.

Le Ministre donne des ordres aux commandants, ceux-ci à leurs
officiers, un chef de bureau à ses employés, un maître à ses do-
mestiques, parce qu'entre ces différentes personnes la nécessité
ou la volonté ont établi *momentanément* un pacte de commande-
ment et d'obéissance, ou, pour parler comme le capitaine de l'*Héroïne*, de supériorité et d'infériorité. Remarquez bien que ce pacte
est une véritable affaire commerciale (et en vérité je n'en connais
guère d'autres par le temps qui court) dans laquelle les uns ven-
dent leur infériorité qui est leur marchandise, pour un prix qui,
si je ne me trompe, se paie toujours en argent monnayé ; mais
quel pacte pourrait-on invoquer contre celui qui ne demande et
ne doit rien à personne, qui exerce, parce qu'elle lui convient, la
plus libre des professions, celle de marchand. Fors la convention
dont nous venons de parler, chacun de nous ne doit obéissance
qu'à la loi qui nous donne en retour sa protection ; mais à l'égard
des hommes, on ne leur doit rien quand on n'en reçoit rien. Il me
semble vraiment singulier de débattre une vérité aussi triviale.

J'ai entendu donner comme raison de l'exigence que je combats,
que la marine marchande étant destinée à servir en temps de

guerre avec ou sans la marine militaire, elle lui était inférieure, puisqu'elle devait lui obéir. Admettant comme légale l'obligation du service, le principe que je soutiens n'en serait pas moins juste et applicable, seulement il y aurait, de la part de l'ordonnance, ingratitude. D'abord, de ce qu'un homme peut être forcé de servir un jour, ce n'est pas une raison pour lui commander quand il ne sert pas. Une partie de la population de la France, qui a fait son temps de service, peut être rappelée sous les drapeaux par une loi, en cas de nécessité ; mais tous les soldats rentrés dans leurs foyers n'en sont pas moins réellement les égaux de leurs chefs d'autrefois. Avec les marins du commerce on n'y met pas tant de façons : la volonté ou le caprice d'un seul homme suffit pour rompre leur existence, et les faire aller comme des marionnettes ; c'est un malheur pour eux, mais qui ne change pas leur position quand ils ne sont pas payés pour servir. Il n'est question ici que des matelots, et vous comprenez combien plus j'ai raison, quand il s'agit de ceux qui sont dégagés du service et qui paient les matelots.

J'ai dit qu'il y avait ingratitude, puisque c'est traiter des hommes d'autant plus mal qu'ils sont plus utiles et plus estimables. La marine militaire est payée et considérée en raison des services qu'elle peut rendre seulement en temps de guerre (puisqu'en temps de paix elle n'est qu'une partie de plaisir qui a le défaut de nous coûter beaucoup d'argent) ; mais si celle du commerce, qui l'entretient, en sus du bien qu'elle produit pendant la paix, ne lui est pas inférieure sous le rapport guerrier, n'est-ce pas un motif de plus pour lui accorder des égards ? Au reste, elle ne demande rien, sinon qu'on la laisse tranquille et qu'on ne la gêne pas dans ses affaires.

Le malheur, dans notre belle France, c'est qu'avec les meilleures intentions du monde, sur lesquelles je n'élève aucun doute, nous n'arrivons à rien de bon, parce que les hommes, au moins en grande partie, qui représentent le gouvernement, entravent la marche des affaires par ignorance et souvent sous les plus frivoles prétextes. Qui croirait, à moins de l'avoir vu, qu'après avoir reconnu le commerce maritime comme une source première de la richesse et de la puissance du pays, on va lui imposer des obligations serviles et illégales, au risque de ce qui peut en arriver, et seulement pour satisfaire à la sotte vanité de quelques-uns? A voir l'importance qu'on leur donne, ne dirait-on pas que le salut des deux marines en dépend. Il s'agit bien ici de luttes puériles d'amour-propre, quand la grande voix de la nation vous crie de songer à ses intérêts commerciaux, et qu'elle-même se saigne dans l'espérance d'un meilleur avenir. Entre nous, et comme Français tout dévoué à mon pays, je ne voudrais pas que cette discussion parvînt à la connaissance des Anglais, car ils nous mépriseraient ou se moqueraient de nous, il n'y a pas de milieu.

Quand l'*Héroïne* est venue à Manille, où je me trouvais depuis quelque temps, son capitaine m'a dit que j'aurais dû me présenter à son bord dès son arrivée, parce qu'il était mon supérieur. Si j'avais été d'humeur à plaisanter, j'aurais pu lui demander si c'était pour décrotter ses bottes, et ajouter que, si j'avais pu prévoir le cas, je serais resté très-tranquillement en France à me faire cirer les miennes. Parlant un peu plus sérieusement, je lui aurais dit : Monsieur mon supérieur, car je ne suppose pas que vous preniez ce titre sans y être autorisé, vous êtes venu ici sans doute parce que votre supérieur vous en a donné l'ordre, et moi parce que cela m'a convenu. J'y faisais avant votre arrivée des affaires que je continuerai après votre départ, tandis que vous avez sans doute une mission à remplir, et je ne vois pas bien comment notre rencontre momentanée et fortuite a établi entre nous des rapports autres que ceux d'une assistance mutuelle. Je ne vois pas non plus pourquoi je quitterais mes affaires de terre et de mer pour vous aller visiter si vous ne pouvez m'être utile. Si nous fussions restés en France, il est très-certain que vous ne vous fussiez pas dit mon supérieur, et je n'ai pas fait le sacrifice de la quitter, en exposant plus d'argent que n'en vaut votre corvette, pour perdre mon temps en visites infructueuses. Il y aurait encore bien des choses à dire, mais elles vous ennuieraient et moi aussi.

Mais si le commandant Favin-Lévêque m'eût dit qu'il se trouvait dans une position supérieure à la mienne, lui chef d'une corvette de 30 canons et moi d'un mauvais navire marchand, c'eût été une tout autre affaire, et, n'eussé-je pas partagé son opinion, aucun motif ne m'engageait à le tirer de ce qui pouvait être pour lui une douce erreur. Il existe, et il existera toujours entre les hommes, des différences de position qui en établissent une dans leurs rapports sociaux non obligés. Chacun s'estime ce qu'il vaut ou ce qu'il croit valoir, ce qui ne donne aucun droit à celui qui s'estime le plus sur celui qui s'estime le moins. J'aurais fait seulement observer au commandant Lévêque (sans arrière-pensée, car je n'en avais jamais entendu parler) que rarement l'opinion des autres sanctionnait notre jugement quand nous nous trouvions dans la première catégorie.

Il m'a objecté qu'ayant eu des rapports avec des capitaines de commerce, j'étais le seul qui eût élevé objection à ladite formalité. D'abord, je suis certain de parler au nom d'une grande partie de mes collègues ; mais serais-je le seul, la question n'en reste pas moins la même, c'est-à-dire, de droit et non de nombre. Que ceux à qui cela conviendra passent leur temps en visites et en exécution d'ordres, je n'ai rien à y voir, et la légalité de mon refus n'en subsiste pas moins tout entière. . . . .

Comme la marine marchande française est la seule au monde à laquelle on ait cru devoir imposer la formalité que je combats , on pourrait penser qu'on s'est cru en droit de l'exiger, à cause des services plus grands qu'elle peut recevoir de la marine militaire; mais on n'a pas songé qu'en rendant les marques d'estime obligatoires, on leur retirait tout leur prix. Si l'on oblige de saluer également celui que l'on estime et celui que l'on méprise, où sera la récompense du premier et quel motif aura-t-il de mieux faire ? Quand un officier se sera distingué, les visites ne lui manqueront pas, s'il les aime, non comme à un supérieur , mais comme à un homme supérieur dans l'accomplissement de ses devoirs, lesquels hommes deviennent assez rares aujourd'hui.

Je pense avoir combattu votre prétention sous les rapports principaux de convenance et de droit, et pour en finir je vais résumer les motifs de mon refus en peu de mots, commençant par vous assurer qu'il eût été le même vis-à-vis d'un amiral, le grade ne changeant rien à la question. Ces motifs sont : 1° que, ne reconnaissant aucun homme qui ne me paie pas pour mon supérieur, politiquement parlant, je ne reçois d'ordre de personne ; 2° que je n'ai point armé deux bâtiments et ne suis pas venu au bout du monde, pour employer mon temps, mes hommes et mon navire autrement que pour ma propre convenance; 3° enfin que ni un ministre, ni aucune autorité quelconque, ne pouvaient vous donner sur ma personne et ma propriété des droits qu'ils n'avaient pas eux-mêmes, etc., etc.

Si le lecteur a eu le courage de suivre cette longue lettre jusqu'au bout, il est à même de décider de quel côté se trouve le bon droit, quoique je lui fasse grâce d'une partie des arguments qu'il serait facile d'y rattacher. Je terminerai ce chapitre en le livrant à ses propres réflexions ; mais avec celle-ci, tirée de la Note du prince de Joinville, « que la présence de nos petits navires de guerre est souvent tracassière pour ceux du commerce.» Je parierais sur ma tête que S. A. R. n'a pas dit tout ce qu'elle pensait.

DE L'AMBASSADE DE CHINE.

Si l'on excepte notre honorable directeur des douanes, les hommes qui composent ce qu'on appelle le gouvernement, n'ayant pas reçu du Créateur une dispense spéciale , sont , comme tous les autres, soumis à l'inévitable *errare humanum*. Il y aurait donc injustice à exiger d'eux qu'ils ne commettent pas d'erreur ; cependant je crois avec Horace qu'il est une limite, même sous ce rapport, et ladite ambassade me paraît en être sortie plus que l'ordonnance ne porte. Nous allons l'apprécier le plus brièvement possible.

Une ambassade commerciale, surtout quand elle doit coûter une somme énorme , ne peut être justifiée que par deux intentions : 1° d'ouvrir des relations commerciales de la plus grande importance ; 2° de cimenter et d'étendre celles qui existent déjà sur une grande échelle.

Si la Chine était un pays neuf que nous n'eussions pas encore fréquenté, ou dont notre commerce eût été exclu par privilége accordé à d'autres, on aurait pu admettre une ambassade pour appuyer des prétentions nouvelles. Encore dans ce cas eût-il été logique de s'informer à l'avance si le résultat probable valait la peine et l'argent qu'il aurait coûtés ; mais il n'en est pas ainsi. Ce pays nous a été ouvert de tout temps comme aux autres nations, sur le pied de l'égalité ; nous y avons envoyé chaque année des expéditions, en petit nombre il est vrai, et nos négociants ont pu l'étudier tout à leur aise. Tout le monde est d'accord que, si le commerce a besoin de protection, nul ne sait mieux se diriger que lui-même, et que le gouvernement et les ambassadeurs ne sont que des enfants en comparaison de lui sous ce rapport. Si donc jusqu'ici il n'a rien trouvé à faire dans ce pays, c'est que la chose lui était matériellement impossible.

Si l'on veut savoir maintenant d'où provient cette impossibilité, elle se résume en peu de mots : c'est que les principaux et presque uniques objets pour le commerce de Chine, comme les tissus de laine et de coton, les fers, la quincaillerie, la verroterie, etc., y sont portés en concurrence et à meilleur marché par les Américains et les Anglais. D'un autre côté, la consommation des denrées de ce pays étant très-limitée en France, ne peut être l'objet que de spéculations bornées, en même temps que nous avons encore à soutenir chez nous pour ces mêmes denrées la concurrence étrangère. Il n'y a donc encore rien dans les faits connus qui puisse donner même l'espérance de lutter aujourd'hui contre cet état de choses, c'est-à-dire, d'étendre le cercle de nos affaires.

Je le demande en conscience, que peuvent toutes les ambassades changer à une telle position? Rendront-elles à nos produits le bon marché qui leur manque pour soutenir la concurrence, et croit-on que ce sera sur la foi d'un ambassadeur que nos négociants iront hasarder leurs capitaux dans de nouvelles entreprises ? Il n'y en a pas un de ceux qui ont voulu avoir des rapports avec la Chine, qui ne la connaisse en ce moment mieux que l'ambassadeur ne la connaîtra jamais, commercialement parlant, et c'est par cette raison qu'il s'y est fait si peu de commerce. L'on objectera peut-être qu'il y a maintenant quatre ports de plus ouverts au commerce. Il est possible qu'il en résulte plus d'affaires, mais non pour nous, parce que nous y rencontrons toujours des concurrents plus habiles et plus entreprenants, et que la même cause amènera les mêmes effets. Rien n'est si facile que d'aligner de grandes spéculations sur le papier, mais quand il s'agit d'exposer son argent, on y regarde d'un peu plus près. Jusqu'à ce que nos produits puissent rivaliser avec ceux de nos voisins, il est évident que nous resterons au point où nous sommes, et, si le contraire arrive, c'est que le commerce aura de lui-même fait quelque découverte importante ; mais, encore une fois, à quoi lui aura servi notre ambassade?

Les Anglais, dans leur traité avec les Chinois, ont négocié

pour tout le monde. Les droits ont été réduits à leur plus simple expression et à une parfaite égalité. Que pouvons-nous exiger de plus? De n'en pas payer du tout? Mais, admettant qu'ils y consentissent, nous n'en serions pas en fait plus avancés, pour deux raisons : la première, que notre infériorité existerait toujours, quoiqu'un peu moindre ; la seconde, que les transactions se feraient en fraude, qui est la manière légale dans le pays, et ne pèse pas sur le prix des marchandises. Ensuite, pour légitimer aux yeux des Chinois une faveur si exclusive, nous n'avons rien à leur offrir, puisque nous sommes de toutes les nations celle qui consomme le moins de leurs produits ; or, c'est les supposer par trop bornés que croire qu'ils vont faire des sacrifices pour nous et s'attirer des désagréments avec les autres nations, pour se donner le plaisir de nous obliger. Il n'y a que des badauds du plus fort calibre qui aient pu se repaître de pareilles billevesées.

Puisqu'on voulait à toute force tâter ce pays, il existait un moyen rationnel et peu coûteux, qui était d'envoyer sur un navire marchand quelques hommes entendus et les effets servant d'échantillons. Avec moins d'une centaine de mille francs on eût obtenu tous les nouveaux renseignements désirables, et nous eussions au moins sauvé les apparences. Qui croira en effet que, pour un commerce qui ne s'est pas élevé par année à deux navires et à 500,000 francs d'exportation, nous ayons envoyé une escadre de huit ou dix bâtiments de guerre et une dispendieuse ambassade, avec la perspective évidente de n'en recueillir aucun fruit? Tous les étrangers et les Chinois eux-mêmes vont vous prendre pour des écervelés, des faiseurs d'embarras, et je ne serais pas étonné que cet appareil de guerre ne causât aux indigènes quelque crainte au premier abord, puisque rien ne peut le justifier.

Je l'avoue, je suis vexé de voir gaspiller si facilement un argent dont on ne rougit pas de nous dépouiller, souvent par les moyens les plus odieux ; mais, ce qui me désole encore plus, c'est la déconsidération qui rejaillit sur nous d'une conduite si ridicule. N'est-ce pas s'exposer à la risée des gens que d'envoyer une escadre là où il n'y a pas un coup de canon à tirer, et pour deux malheureux navires marchands qui séjourneront à peine un mois chacun ? Cette ambassade de Chine avec son attirail va nous coûter pour le moins une demi-douzaine de millions, qui seront aussi bien perdus que si on les eût jetés au fin fond de la mer ; tandis que, si on les avait donnés en prime au commerce et à la navigation, puisqu'on voulait les dépenser, on eût pu exporter 40 millions de nos produits, et donner lieu à quarante expéditions. On eût pu former des établissements respectables à Madagascar, et commencer l'œuvre de la conquête. Avec 6 millions on peut faire bien des choses et de bonnes choses. Cette manière d'employer nos ressources eût été plus rationnelle, et surtout plus profitable ; car, faire parade de ses forces sans nécessité n'est que montrer sa faiblesse ¡et se faire moquer de soi. Ordinairement un navire de guerre se donne comme protection à cent navires marchands, et ici l'on verra une dizaine de navires de guerre à la fois pour deux ou trois navires marchands, qui n'en n'ont nul besoin et dont le séjour ne sera pas de trois mois dans toute l'année.

En résumé, ce ne seraient pas des hommes aussi habiles que MM. Guizot et Cunin-Gridaine, qui eussent jamais songé à une semblable expédition. Ils ont sans doute cédé aux clameurs de nos badauds de fabricants ; mais il me semble que rien ne les obligeait à leur sacrifier le sens commun. En tout ceci il n'y a d'excusable que l'intention.

UN MOT SUR L'ESCLAVAGE DANS LES COLONIES.

Il ne m'appartient pas de décider si l'horreur des Anglais pour l'esclavage des nègres provient d'un sentiment d'humanité, ou si, comme beaucoup de gens le présument, il est le résultat d'un calcul intéressé. Ces considérations seraient ici déplacées et inutiles ; je me bornerai donc à quelques réflexions sur la question en elle-même, croyant devoir prévenir le lecteur que je raisonne de ce que j'ai vu.

Et d'abord, tout en admettant la pureté des intentions des abolitionistes, je voudrais, avant d'entrer en discussion avec eux, savoir comment ils résoudraient ces deux questions, qui me semblent assez importantes : la première, s'ils ont vu par eux-mêmes l'état de choses contre lequel ils s'élèvent ; la seconde, combien il y en a parmi eux qui, par amour de l'humanité, consentiraient à faire de leur poche le sacrifice qu'ils veulent exiger des colons.

Cuvier a traité la race nègre de : « la plus dégradée des ra-» ces humaines, dont les formes s'approchent le plus de la brute » et dont l'intelligence ne s'est élevée nulle part au point d'ar-» river à un gouvernement régulier, ou à la moindre apparence » des connaissances suivies ; » et la philanthropie la plus exaltée ne saurait contester la vérité de cette définition. Sans doute ce n'est pas une raison pour les rendre malheureux, puisque nous n'avons pas ce droit même avec les animaux, mais on doit en conclure que sa position inférieure, sur les degrés de l'échelle humaine, permet et même réclame dans son intérêt des lois différentes de celles qui nous régissent.

Cette infériorité intellectuelle n'est pas mise en avant en faveur de l'esclavage de cette race. L'esclavage, quand il est abandonné à lui-même sans contrôle, rend l'existence de l'homme inférieure peut-être à celle de la brute, mais il est des moyens d'en faire une condition non-seulement très-tolérable, mais préférable même à de certaines libertés. Il suffit pour cela de ne pas s'effaroucher sur la valeur des mots. Il est hors de doute, et l'exemple des colonies anglaises est là pour le prouver, que ce serait rendre aux nègres un fort mauvais service, que de les faire passer de suite de l'état de servitude à celui de liberté illimitée. On aura beau faire des lois pour régler cette liberté, les noirs n'y comprendront jamais qu'une chose, celle de ne pas travailler, ou de travailler juste ce qu'il faut pour ne pas mourir de faim. Pour qu'il en fût autrement, il faudrait qu'avec des mots on pût changer la nature des hommes et l'influence toute puissante du climat.

En France, où l'on est plus que partout ailleurs gouverné par les mots, celui d'esclavage qui sonne mal à nos oreilles est la principale cause de réprobation d'un état qui, sous un autre nom, aurait semblé tout naturel. Qu'est-ce qu'un esclave dans l'acception générale du mot? C'est un homme auquel la nature n'a accordé qu'une faible dose d'intelligence, et qu'un autre homme, son supérieur à tous égards, a pris à sa solde pour le faire travailler, sous condition de le loger, nourrir et entretenir le reste de sa vie. Il est vrai qu'il ne peut sans permission s'éloigner au-delà de certaines limites, mais c'est un mal plutôt apparent que réel, parce que les nègres ne voyagent guère pour s'instruire. Si l'on compare à cette existence celle de la plupart de nos paysans, qui travaillent dix fois plus que des nègres, sont bien moins nourris, ne sortent jamais du champ qu'ils cultivent, et ne sont pas toujours sûrs d'avoir du pain pour eux et pour leurs familles, on conviendra que, de ces deux espèces d'hommes, celle des esclaves est sans contredit la moins à plaindre. Pour juger cette question avec connaissance de cause, il faudrait avoir vu l'esclavage dans les colonies, et avoir étudié la nature et la portée de cette race exceptionnelle.

Ne considérant donc que la race nègre en elle-même, ce serait, je le répète, lui rendre un mauvais service que de faire briller à ses yeux le mot de liberté. Ce serait lui supposer plus de sagesse qu'à nous-mêmes, qui en avons tant abusé avant d'en comprendre le véritable sens. Cependant, comme la servitude sans contrôle a été et peut être, quoique rarement, l'occasion d'abus et de violences réprouvables dans tous les temps, il est juste et indispensable de la soumettre à des règlements protecteurs. Ainsi, pour donner seulement un aperçu de ce qu'il y aurait à faire, il serait essentiel de fixer la limite des droits des maîtres sur leurs esclaves; de déterminer la durée de leur travail et les jours de repos; la quantité de nourriture et d'habillements nécessaires à chacun d'eux, et la gran-

deur du terrain qui leur serait cédé en propre pour leurs besoins particuliers. On pourrait en sus exiger de chaque maître,
proportionnellement au nombre de ses esclaves, une redevance
qui serait affectée aux vieillards et aux infirmes. Les gouver-
neurs des colonies seraient les présidents d'un juri formé des
habitants les plus considérés, pour juger les différends entre les
maîtres et les esclaves ; enfin on nommerait des censeurs qui
parcourraient les habitations avec mission de juger les cas ordi-
naires et de déférer les plus graves à la décision du juri.

Le code noir que je propose n'empêcherait pas de travailler
à l'affranchissement graduel de la race. En ce qui regarde ceux
qui ont déjà vécu dans l'esclavage, je crois qu'ils doivent y de-
meurer toute leur vie, à moins qu'ils ne puissent acquérir leur
liberté par les moyens qui leur sont ouverts ; mais quant aux
enfants à naître et à ceux au-dessous de huit à dix ans, on
pourrait les déclarer libres en en remboursant la valeur à leurs
maîtres. Le gouvernement se chargerait de leur éducation. L'a-
vantage de cette mesure serait de maintenir les choses dans
l'état où elles sont et sans perturbation, ce qui ne saurait s'accomplir, si je ne me trompe, par aucune autre. Si le besoin des
bras se faisait sentir, ce ne serait que graduellement, et l'on
aurait le temps d'y pourvoir par les moyens connus.

Après la question d'humanité se présentent celles de justice
et d'intérêt matériel. Il semble d'abord que l'on n'a pas le droit
de disposer de la propriété des hommes, quand elle a été garantie par le temps et les lois, sans leur consentement et dans
un intérêt fort contestable. On ne joue pas ainsi avec ce qu'il y
a de plus sacré parmi les peuples, leur fortune. Si ceux qui font
les plus tendres discours en faveur des noirs, et qui sont les plus
âpres à la curée, devaient rembourser de leur poche les pertes
qu'ils votent si facilement, on peut assurer que leur ardeur
ne serait pas de longue durée. Or, le premier de tous les pré-
ceptes est de ne pas faire aux autres ce que nous ne voudrions
pas qu'on nous fît.

Sous le rapport d'intérêt matériel, nos colonies sont aujour-
d'hui le principal aliment de notre commerce et de notre navi-

gation. Ce serait donc leur porter à tous deux un coup funeste
que de retirer aux colonies les bras sans lesquels elles ne peuvent ni produire ni consommer. Pour que nous n'ayons pas à
souffrir de la transition de l'esclavage à l'affranchissement, il
faut qu'elle s'opère par degrés, quels que soient d'ailleurs les
moyens que l'on emploie. Il faut se rappeler aussi que la position des Anglais est essentiellement différeute de la nôtre,
avant de vouloir suivre servilement leur exemple. Non-seulement leurs colonies à esclaves forment la partie la moins importante de leurs possessions, mais, comme ils ont le monopole
général du commerce, peu leur importe de tirer leurs denrées de consommation plutôt d'une partie du monde que de
l'autre.

Il y aurait bien des choses à dire sur ce sujet, mais nous sor-
tirions des limites d'une simple brochure. N'oublions pas que,
par défaut de calcul et de prévoyance, nous sommes tombés
dans les erreurs les plus désastreuses, et tâchons de profiter des
leçons d'une expérience acquise heureusement aux dépens des
autres.

QUELQUES MOTS SUR LA NOTE DE M. LE PRINCE DE JOINVILLE.

Il s'agit ici d'un point de controverse sur lequel chacun peut
émettre sans risque une opinion plus ou moins plausible. Cependant je me permettrai d'établir que ceux qui paraissent les
plus aptes à en décider, sont les hommes qui, par état, connaissent le mieux la question, c'est-à-dire, les marins.

L'idée de M. le prince de Joinville n'est pas nouvelle, car
des hommes d'état de grand mérite l'ont mise en avant du
temps de la Restauration ; et un homme, qui n'est ni d'état, ni
de mérite, lequel est tout simplement moi, l'a proposé au ministre de la marine il y a quelques années. Je suis loin d'avoir

la prétention d'ajouter ici à l'autorité de la note, et surtout de traiter le sujet avec le même talent ; mais comme il y en a qui l'ont attaquée, on ne trouvera pas mauvais, je pense, que d'autres la défendent.

Tout le monde sait, ou du moins doit savoir, qu'en cas de guerre avec l'Angleterre, nous n'avons à lui opposer qu'un marin contre douze à peu près ; mais, ce que tout le monde ne sait pas, c'est qu'une guerre maritime ne peut se soutenir sans marins. Or, les hommes de métier ne se forment pas de commande, quand on ne les a pas tout formés à l'avance et prêts à être employés. En cas de conflit nous nous présenterions donc avec un désavantage numérique irrémédiable.

Il fallait donc chercher un moyen de rétablir l'équilibre, s'il était possible, et ce moyen se présentait naturellement par la substitution de la marine à vapeur à celle à voiles. Voici comment j'aurais raisonné à la place de notre gouvernement. Puisque, aurais-je dit, le cours actuel des choses ne nous permet pas d'augmenter le nombre de nos marins, et que, si braves et si habiles qu'on les suppose, un seul ne peut lutter contre dix ; cherchons s'il est une manière de faire disparaître ce désavantage ; et j'aurais vu que Dieu avait permis tout exprès l'invention des navires à vapeur. Pour se donner une flotte de ce genre, il faut du bois et du fer. Avec de l'argent nous en aurons tant que nous voudrons et autant que qui que soit. Pour l'équiper, tous les hommes sont bons indifféremment, pourvu qu'ils soient braves, et, sous ce rapport, nous n'avons rien à envier à personne. Nous pouvons donc dès ce jour entrer en lice avec n'importe quelle nation. Il me semble qu'il ne fallait pas un grand effort d'imagination pour arriver à cette solution, quoiqu'un certain courage fût nécessaire pour le dire à des gens qu'elle contrarie.

Avec le plus grand désir de rester en paix, il est toujours indispensable d'être préparé pour la guerre ; et pour savoir sur quel pied cette marine nouvelle devait être montée, je me serais informé de ce qui se passe chez notre voisin le plus puissant. Voyant, je suppose, qu'il lui serait facile en quelques jours de réunir environ deux cents navires à vapeur de première force, je me serais imposé l'obligation d'arriver d'abord à ce chiffre. Je ne puis évaluer au juste le coût d'un tel navire, mais en l'estimant à un million par chacun, pour une force moyenne de trois cent cinquante chevaux, je ne pense pas m'écarter beaucoup de la vérité, il nous en aurait coûté 200 millions. Or, depuis 1830, notre budget de la marine a été de plus de 100 millions, sur lesquels, dans mon opinion, il y en a au moins 50 qui l'ont été mal à propos et hors de propos. Si donc on en eût distrait seulement 20 par année, nous aurions aujourd'hui la marine à vapeur la plus respectable.

Le grand avantage des navires à vapeur est que, non-seulement ils n'ont pas, comme ceux à voiles, un accessoire qui dépérit chaque jour, mais c'est qu'ils sont toujours prêts à partir avec le premier équipage venu et moitié plus faible que celui d'un bâtiment à voiles. De plus, pour en tirer quelque profit en temps de paix, on pourrait en louer au commerce pour l'aider dans ses spéculations.

Je ne dis pas qu'il faille abandonner entièrement la marine à voiles, parce qu'il est des services qui lui sont réservés en propre ; seulement je soutiens que la nôtre nous gruge sans utilité quelconque dans ses dimensions actuelles. Elle ne peut exister que dans le but de protéger nos colonies et notre commerce maritime ; le point essentiel était donc de lui donner une proportion relative à ces deux intérêts, puisque l'on ne doit pas dépenser pour la protection de cent navires autant que pour celle de mille. Or, pour savoir à quoi nous en tenir sous ce rapport, il fallait suivre la même proportion que les autres puissances maritimes, et nous aurions vu que l'Angleterre , qui possède mille fois plus de commerce et de colonies que nous, n'avait guère plus de la moitié de marine armée que nous ; que les Américains, les Hollandais, les Espagnols, les Portugais, qui ont depuis autant jusqu'à cent fois plus de commerce et de colonies, n'ont pour ainsi dire pas de marine armée, et nous en aurions conclu que l'on pouvait avoir plus de commerce et de colonies que nous presque sans appareil militaire. Voici , suivant moi, la proportion des marines militaires relative au commerce de chaque pays, telle que je l'ai donnée dans un mémoire au Ministre de la marine.

L'Angleterre aurait 300 navires de guerre ,
La Hollande. . . . 60 —
L'Amérique. . . . 50 —
L'Espagne. . . . . 30 —
Le Portugal. . . . 15 —
La France. . . . . 15 —

Je sais bien que peu de gens seront de mon avis ; et, pour ne pas trop nous étendre sur un seul sujet, je demanderai au lecteur ce qu'il penserait d'un fermier qui dépenserait pour garder sa moisson plus qu'elle ne pourrait jamais lui rapporter? Je lui demanderai enfin quel bénéfice moral nous avons retiré de notre énorme marine ; si dans la plûpart des pays voisins et éloignés, comme le Portugal, l'Egypte, les Etats-Unis, le Mexique, le Brésil, la Plata, nous n'avons pas été plus ou moins insultés, tandis que nous ne voyons rien de semblable à l'égard des nations dont la marine n'est pas le dixième de la nôtre?

J'ai vu qu'on avait reproché à la Note de divulguer des choses qui ne devaient pas se dire, le secret de notre faiblesse. Pour rassurer les esprits pointilleux, je prends sur moi de leur garantir que ce qu'ils ignoraient n'était un secret pour personne en dehors de la France. Il n'y a pas un gouvernement étranger, et surtout celui dont il est question, qui ne sache positivement mieux à quoi s'en tenir sur nos ressources réelles que qui que ce soit peut-être en France, où nous jugeons beaucoup plus légèrement, et à travers le prisme de l'amour-propre. Cette Note est un immense service rendu au pays, qui s'endormait dans l'ignorance sur le bord du précipice. Lui reprocher les vérités qu'elle nous révèle serait une marque de folie et d'ingratitude. Nous ressemblerions à cet homme qui, atteint à son insu d'une maladie mortelle, se plaindrait de son médecin qui l'en avertirait en lui indiquant les moyens de se guérir.

Je le répète, parce que c'est là mon *delenda est Carthago*, nous ne sommes guidés dans notre beau pays, particuliers et gouvernement, que par la gloriole et les phrases. Parce que l'Angleterre a tant de vaisseaux sur un point, nous croyons qu'il est de notre honneur d'en envoyer autant, sans nous inquiéter si nous avons les mêmes intérêts et si ce n'est pas de l'argent gaspillé ou qui pourrait être utilement employé. Nous avons été puissants sur mer autrefois, et nous ne pouvons soutenir l'idée de notre décadence. Il faudrait cependant nous rappeler que les temps sont bien changés. Avant la révolution de 89, nous pouvions et devions avoir une marine, parce que, eu outre de nos colonies actuelles, nous en avions d'une bien autre importance sur le continent d'Amérique et parmi ses îles, dans l'Océan Indien et dans l'Inde même, où nous pouvions lutter avec l'Angleterre. De tout cela il ne nous reste que ce qu'on a bien voulu nous rendre, par la raison qu'on n'en voulait pas ; et la conséquence toute naturelle de cet état de choses était une diminution de forces proportionnelle. Autrefois Venise entretenait des flottes maîtresses de la mer qu'elle dominait par son commerce ; et si aujourd'hui elle armait un vaisseau et une frégate, on la croirait atteinte de folie.

Tout en démontrant l'inutilité d'une marine aussi pesante que la nôtre, je suis très-loin de penser qu'il faille la négliger, et surtout que nous soyons à la merci de qui que ce soit. L'exiguité même de notre commerce, et, il faut l'espérer, l'expérience précédemment acquise à nos dépens, m'autorisent à croire que nous gagnerions plus que nous ne perdrions dans une nouvelle lutte ; mais ce ne serait pas à notre marine militaire, c'est-à-dire, à nos vaisseaux, que nous en serions redevables. Comme il est inutile d'entrer dans un plus grand développement à ce sujet, voici dans mon opinion le résumé des moyens à employer pour arriver à la position qui nous convient :

1° Parvenir graduellement à la formation d'une flotte à vapeur telle que les besoins l'exigeront ;

2° Lier tous les points importants de notre côte maritime par des chemins de fer, afin que le transport des secours soit aussi prompts que la nouvelle de l'attaque ;

3" Diminuer de beaucoup nos dépenses pour la marine ;

4" Doubler notre marine marchande en changeant les lois commerciales qui la compriment ;

5° Changer les lois répulsives de la marine, soit marchande, soit militaire ;

6° Etablir une école spéciale de mécaniciens pour les machines à vapeur proprement dites, ou au moins les encourager dans les établissements particuliers.

Après avoir raisonné sur la guerre, voici mon opinion sur la paix.

Et d'abord je pense que quelques feuilles anglaises, en reprochant au prince de Joinville sa brochure, qu'ils regardent comme agressive, ont montré une insigne mauvaise foi. Que nous dit-elle, en résumé ? Que dans le cas d'un conflit nous serions dépourvus des véritables moyens de résistance. Or, quelle provocation de guerre peut-on trouver dans un tel avertissement, à moins qu'on ne prétende avoir le droit de nous attaquer sans nous donner celui de nous défendre ? L'Angleterre ne s'occupe-t-elle pas sans cesse d'organiser ses ressources militaires sur le pied qui lui convient le mieux, sans que nous le trouvions mauvais ? Chaque nation n'en fait-elle pas autant dans un cas d'éventualité, sans qu'on lui suppose des intentions guerrières ? Ne sait-on pas enfin que ses préparatifs à elle ne peuvent être dirigés que contre nous ? Maintenant, que ce soit un prince ou un particulier qui nous donne son avis, la question n'en reste-t-elle pas la même au fond, à moins qu'on ne leur refuse le droit d'en avoir un ?

J'ai beaucoup fréquenté les Anglais dans ma vie, je pourrais presque dire que je n'ai eu de rapports qu'avec eux hors de France, et c'est pour cette raison que je ne partage nullement la prévention des personnes qui ne les connaissent que sur le papier. Comme gouvernement, je les ai trouvés justes et libéraux, c'est-à-dire, tout l'opposé du nôtre ; et comme particuliers, obligeants et probes. Il est possible que, politiquement parlant, nous ayons moins à nous en louer ; mais il me semble que ce n'est pas à eux qu'il faut adresser nos reproches, mais à notre gouvernement, qui ne sait pas se faire respecter. Leur rôle tout naturel est de chercher à étendre leur influence ou leur domination, comme nous le ferions à leur place et comme nous le faisons dans un cercle plus rétréci. Je désapprouve, pour ma part, ces constantes et amères récriminations de la presse contre les Anglais en général, parce qu'elles nous font ressembler à des roquets qui aboient après un dogue. C'est un rôle qui ne nous convient pas, nous sommes assez forts pour nous faire rendre justice quand elle nous est refusée, sans avoir recours à de vaines paroles.

Je ne crois pas non plus à l'antipathie des Anglais, je parle évidemment de la généralité, ni à leur désir de notre abaissement, et pense tout au contraire qu'ils souhaitent nous voir riches et florissants, dans leur intérêt comme dans le nôtre. Cela se conçoit aisément, ils sont commerçants avant tout, et l'on ne fait de commerce avantageux qu'avec un peuple riche. C'est sous ce rapport que leur alliance est aussi celle qui nous convient le mieux ; et séparés que nous sommes par une étroite barrière d'eau, ce sont de tous nos voisins ceux qui nous offrent en réalité le commerce le plus facile et le plus grand débouché pour nos produits. Il est donc de notre commun intérêt d'agrandir nos relations ; et pour arriver à ce but, il ne serait pas difficile de conclure un traité de commerce dont les principaux avantages seraient pour nous. Ils savent qu'un commerce qui ne donne pas de perte est déjà très-avantageux comme commerce, et nous y trouverions l'avantage de substituer à une vaine et nuisible animosité des rapports durables d'amitié et de bon voisinage.

UN TRAIT DES AUTORITÉS DE L'ILE BOURBON.

Lecteur, si vous partagez cette mienne opinion, que quelle que soit l'enveloppe qui recouvre les êtres animés, le cœur seul doit leur donner du prix à nos yeux, vous ne serez pas étonné que dans ce chapitre il ne s'agisse que d'un pauvre chien. Cependant je ne vous aurais pas entretenu d'un sujet en apparence si éloigné de celui que je traite, si vous ne deviez en apprendre comment nos autorités procèdent à l'égard de tout ce qui se rattache à la marine commerciale. C'est partout et toujours la même répétition, c'est-à-dire, impéritie et abus de pouvoir.

L'île Bourbon, quand on a eu le bonheur d'y débarquer en vie ou en entier, est sans doute un séjour fort agréable, et je suis loin de vouloir en dire le moindre mal, puisqu'elle me plaît infiniment ; mais la nature, qui a été assez généreuse à son égard sous le rapport terrestre, s'est montrée, sous le rapport maritime, d'une rigueur que l'on peut sans exagération qualifier d'atroce. Il n'est peut-être pas d'île sur notre globe qui présente dans son ensemble plus de difficultés pour les communications et plus de dangers pour la navigation et le commerce. Sans compter les risques continuels, il faut aux navires environ dix fois plus de temps qu'ailleurs pour accomplir leurs travaux, et pendant leur séjour sur ce qu'on appelle les ports et rades de l'île (pour me servir du titre d'une brochure intitulée : *Police des Ports et Rades de l'île Bourbon*), pendant leur séjour, dis-je, dans les ports et rades susdites (sans doute quand on les aura découverts), ils se fatiguent et se détériorent plus en un mois que pendant une année passée à la mer. Si vous joignez à cela que les ports ne se trouvant que sur la susdite police, il n'y a point de lieu où l'on puisse se radouber, et que chaque année, pendant la saison des coups de vents, un grand nombre de navires font des avaries qui doivent se réparer à Maurice ou ailleurs, sans parler de ceux qui disparaissent entièrement, vous conviendrez que sous le rapport maritime elle peut être considérée comme une véritable peste. Je mets en doute si depuis trente ans que nous avons la paix, elle ne nous a pas coûté deux cents navires, dont une partie perdue corps et biens, et 40 millions payés à sa voisine en réparations d'avaries. Je me suis trouvé dans un coup de vent où l'on di-

sait que vingt-neuf navires de différentes tailles s'étaient perdus, la plupart sans qu'on en eût entendu parler. Le lecteur se
tromperait fort, s'il inférait de ce qui précède aucune antipathie personnelle contre cette île, qui est encore notre plus
beau joyau en fait de colonies, et dont il serait possible, dans
mon opinion, de diminuer les désavantages.

Or si, comme doit l'avoir démontré le philosophe Azaïs, il
existe en ce monde un système de compensations, c'était le
cas, sans doute, d'en faire une application large et directe ; et
l'on aurait pu croire que, si la nature avait tout fait pour rendre cette terre inabordable, les hommes, de leur côté, en auraient facilité l'accès de tout leur pouvoir. Eh bien ! je puis
assurer qu'ils ont fait justement tout le contraire. J'ai parcouru
assez de pays pour savoir ce qui se passe dans le monde, et puis
assurer qu'il n'existe pas de rade, de port, d'Eden maritime, si
parfaits qu'ils soient sous le rapport des communications, où
l'on éprouve rien qui approche des difficultés et des ennuis qui
vous attendent sur cette côte maudite. Pour faire sentir la différence, je vais exposer comment les choses se passent dans
tous les pays étrangers sans exception et dans l'île dont il s'agit.
Dans tous les ports du monde, où la perte d'une heure est sans
conséquence, à peine êtes-vous mouillé qu'un canot du stationnaire, s'il en a un, vient s'informer d'où vous venez et écrire
les questions d'usage, vous donnant libre pratique au même
instant ; s'il n'y a pas de stationnaire, un canot vous arrive sans
perdre de temps, souvent même quand vous êtes encore sous
voiles, avec un officier de santé ou de port, et sur votre réponse que tout va bien à bord, il vous donne la libre pratique.
C'est à cela que se bornent les formalités pour le débarquement
dans les meilleurs ports de la terre ; mais ces gens savent ce
que l'on doit au commerce, et jusqu'où, légalement, s'étend
leur autorité. Ils savent que c'est un avantage pour leur pays
que d'y attirer les étrangers, et qu'il y aurait de l'ingratitude à
leur imposer d'autres difficultés que celles qui naissent de la
nature des choses. Remarquez bien que le navire, proprement
dit, ne se dérange jamais, chacun étant dans cette idée, qui

n'est pas très-absurde, que, quand on a affaire aux gens, il faut se donner la peine d'aller les trouver.

Mais sur la bienheureuse côte de Bourbon (et sans doute des autres colonies de la France aux institutions libérales), les choses se passent tout différemment. Vous venez de mouiller suivi d'un pilote qui ne sort qu'avec le beau temps, c'est-à-dire, quand vous n'en avez nul besoin, et vous lui remettez votre patente de santé, qui est ici indispensable. En échange, il vous fait passer une consigne que vous avez à lire aux passagers et à signer, et trois expéditions à remplir dont le modèle vous est remis par lui. Quand il est retourné à terre porter votre patente et vos papiers au comité consultatif, afin qu'il réfléchisse sur votre cas, qui est toujours embarrassant, vous êtes obligé d'attendre à bord, je ne sais combien d'heures, qui peuvent se changer en jours. Car pendant que ces fortes têtes sont à réfléchir, le temps, qui suit une marche tout opposée, devient mauvais, et interceptant les communications, vous oblige à perdre à bord des semaines entières. C'est ainsi que la navigation se trouve dans la dépendance de gens dont le seul but est de se rendre importants.

Mais en venant le long du bord, le pilote vous a remis la petite brochure en question, où il est dit que le *premier usage que vous devez faire de votre liberté est de vous rendre à bord du bâtiment de Sa Majesté commandant en rade pour lui donner avis de votre arrivée, lui communiquer les avis qui pourraient intéresser le service, et prendre ses ordres sur la police de la rade.* Les passagers sont tenus de rester à bord. *Ils ne peuvent débarquer qu'après en avoir reçu l'autorisation,* sans doute pour leur en faire apprécier le bonheur. Ainsi vous voyez, lecteur, que je ne vous ai pas trompé. Lorsque nous pensions armer un navire pour notre propre utilité, c'est principalement pour aller communiquer des avis et prendre des ordres. Vous vous imaginiez qu'un bâtiment de guerre, ayant dix fois plus de monde qu'un marchand, et rien à faire du matin au soir, devait au moins s'occuper de ce qui l'intéresse : vous êtes dans l'erreur. Il faut, pendant qu'il s'ennuie à bâiller, que nous quittions nos propres affaires pour aller l'instruire des siennes, ces Messieurs étant trop grands seigneurs pour se déranger comme les Anglais, les Américains, etc. J'oubliais aussi qu'il est enjoint de saluer en passant ; mais j'ai toujours pensé que c'était une simple invitation facultative dont je n'ai jamais abusé.

Mais pour mouiller sur lesdits ports et rades de Bourbon, on paie plus que sur les meilleures rades du monde. Ceci n'est pas davantage tiré du système de M. Azaïs.

Mais nulle part on ne paie la visite de la santé, tandis qu'ici elle coûte fort cher, puisque j'en été pour 94 fr. Je sais bien que les étrangers ne sont que des ânes, comparativement à nous, c'est-à-dire, à nos autorités ; cependant il ne semble pas trop déraisonnable que chacun supporte les frais de ce qui l'intéresse personnellement. Au reste, le régime sanitaire est aussi ridicule en France que dans nos colonies. Sans entrer dans de longs détails qui seraient ennuyeux, je dirai seulement que je me suis trouvé, venant de l'Inde, après quatre mois de mer, et sans avoir un seul malade, obligé de faire trois jours de quarantaine. En Angleterre, en Amérique, en Hollande, on commence par vous accueillir, on vous demande ensuite d'où vous venez.

Or j'avais un chien qui m'accompagnait depuis plusieurs voyages, et pour lequel ceux qui apprécient cette race si fidèle, si dévouée et si différente de la nôtre, pourront comprendre mon attachement. Relâchant à Maurice avant de me rendre à Bourbon, j'y pris connaissance d'une ordonnance locale, où il était dit : « que tous les navires ayant mouillé sur rade de Maurice (à une lieue de terre), n'obtiendraient la communication qn'après que les chiens se trouvant à bord auraient été tués (quand même ils n'auraient point quitté le navire). » Il me fallait toucher Bourbon, et pour ne pas voir occire le mien, je fus obligé de m'en séparer.

Eh bien ! pour en finir je ne crains pas d'assurer que dans aucun pays, depuis la création du monde, jamais la lâcheté et l'ineptie administratives n'ont inventé rien de si fort dans le genre. C'est du G. tout pur. Jusqu'à ce jour on avait cru qu'un animal ou un homme cessaient d'être dangereux quand ils étaient sur un navire mouillé au large, surtout le long d'une côte comme celle de Bourbon ; mais non, cela ne suffisait pas. Le chien n'est pas descendu à terre à Maurice et ne devait pas y descendre à Bourbon ; mais il aurait pu gagner la rage sur l'aile du vent et la renvoyer de la même manière, sans même qu'on s'aperçût à bord de sa maladie, puisqu'on s'en serait défait sur le champ. Je demande si avec un tel système il y aurait encore des communications possibles, et dans quel pays sauvage on a vu disposer ainsi sans façon de la propriété des gens. Il ne s'agit que d'un chien, dira-t-on : quand ce serait d'un chat, la question resterait la même. Nos propriétés ne sont pas garanties et inviolables, suivant leur plus ou moins de valeur, mais seulement comme propriétés. De plus, leur valeur ne saurait être fixée, puisqu'elle dépend de notre propre estime, et que ce qui vaut dix francs pour l'un peut en valoir dix mille pour l'autre.

Je ne parle pas d'une bagatelle de quinze jours de quarantaine que l'on m'a fait faire aussi stupidement ; parce qu'il ne m'en a coûté que quelques milliers de francs et une perte de temps de quinze jours.

NOUVEAUX PRINCIPES D'ÉCONOMIE COMMERCIALE,

D'APRÈS M. T. GRÉTERIN, DIRECTEUR-GÉNÉRAL DES DOUANES, CONSEILLER D'ÉTAT, COMMANDEUR DE LA LÉGION-D'HONNEUR, ETC.

Le but de ce chapitre est de faire connaître au public, dans son intérêt, quelques-uns des principes qui dirigent ceux dont l'influence est toute puissante sur nos affaires commerciales.

Vous savez, lecteur, que le Ciel, dont la protection est acquise à notre pays, a soin de lui envoyer dans les temps de crise ou de calamité des hommes de génie destinés à en être les sauveurs. Les exemples ne manquent pas à l'appui de cette vérité. Ainsi, lorsque l'Anglais, s'étant emparé de nos plus belles provinces, menaçait les autres de son joug odieux, Duguesclin parut et la victoire revint sous nos drapeaux. Pour mettre un terme à nos discordes civiles et religieuses, nous avions besoin d'un monarque ferme et tolérant, et Henri IV nous fut envoyé. Au sortir d'une révolution qui avait ébranlé le monde et nous-mêmes, il nous fallait un homme qui réunît le génie de la guerre à celui du gouvernement, et nous le trouvâmes dans Napoléon. Enfin notre commerce était près de rendre le dernier soupir, en 1830, lorsque, heureusement pour lui et pour nous, la révolution de juillet lui fit présent du seul homme qui pouvait le ranimer. Vous avez vu plus haut quelles obligations il lui avait, matériellement parlant ; mais avant de vous faire sentir celles que nous lui devons personnellement, j'ai cru remplir un devoir en consacrant quelques lignes à des réflexions que je tiens de lui-même, persuadé que sa modestie l'empêchera de les livrer au public avant un laps de temps assez long.

Je n'ai eu l'avantage de voir l'administrateur dont il est ici question que trois toutes petites fois, et c'était uniquement pour réclamer contre des rapines administratives ; mais soit qu'il fût absorbé dans ses projets de réforme libérale, soit qu'il pensât à lui-même, je n'en obtins que les refus les moins consolants, avec les quelques réflexions que j'offre ici sous la forme de nouveaux principes. Sous ce rapport mon temps n'aura pas été entièrement perdu, comme le lecteur pourra en juger par l'exposé véridique que je lui soumets. Je n'éprouve qu'un regret, c'est de ne pouvoir le faire jouir de l'air qui accompagnait les paroles que j'ai recueillies.

1ᵉʳ *Principe.* — A cette objection que je n'avais monté deux opérations pour la Chine que dans l'espérance de la prime promise par la loi, et que sans elle elles n'auraient pas eu lieu, a répondu : — Que, si je ne les avais pas faites, d'autres se seraient présentés à ma place.

Observation. — Jusqu'à présent on avait pensé que chacun de nous, dans la sphère où il est placé, avait à remplir une tâche propre et entièrement distincte de celle des autres, et que c'était de la totalité de ces diverses tâches que se formait la réunion plus ou moins prospère des sociétés. En effet, que deviendrait celle où chacun, raisonnant comme M. le directeur-général, se dirait à lui-même : Il est inutile que je me donne la peine de former telle entreprise, mon voisin n'est-il pas là pour me remplacer? Supposons, comme exemple, que, l'ennemi se présentant à la frontière, chacun adoptât cette nouvelle manière de raisonner, et déduisez-en les conséquences.

Mais une preuve palpable que ce que nous ne faisons point ne se fait pas nécessairement par les autres résultait de la loi d'encouragement que j'invoquais; s'il était certain que, n'allant pas en Chine, d'autres devaient y aller à ma place, pourquoi s'était-on cru obligé de nous y engager par une faveur? et lorsque je viens réclamer la prime promise à mon travail et à mes frais, est-ce sur une raison pareille qu'on devait me la refuser? Quoi! ces récompenses nationales accordées aux citoyens les plus industrieux sont illusoires, puisqu'il était sûr que d'autres les auraient remplacés? Ces hommes qui ont employé leur temps et leur vie à être utiles à leurs semblables, n'ont plus aucun droit à notre reconnaissance, puisque d'autres étaient en réserve prêts à prendre leur place! Dans quel pays a-t-on jamais raisonné de cette manière, et devait-on s'y attendre de la part d'un homme placé à la tête d'une administration dont le but principal est d'encourager le commerce! Quelle preuve plus frappante puis-je donner de sa malveillante incapacité? Ce que je puis lui garantir, c'est que celui qui prendra sa place, quel qu'il soit, ne le remplacera jamais.

2ᵉ *Principe.* — A cette réflexion que les voyages dans les mers de Chine, étant les plus longs et les plus périlleux, devenaient la meilleure école des marins, a répondu : — Que j'étais dans l'erreur, nos marins se formant tout aussi bien dans la petite navigation des Antilles.

Observation. — J'ignore où M. le directeur-général a puisé ses connaissances en marine, peut-être est-ce dans les voyages de Paris à Saint-Cloud, ou dans ceux de Paris à Auxerre par le coche, c'est une question que je ne suis pas appelé à décider. Quant à moi qui ai acquis mon expérience ailleurs, je me permettrai de lui répondre avec tous les praticiens : que ce n'est qu'à la mer que les marins se forment ; que plus ils y séjournent, plus ils en acquièrent l'habitude et le genre de vie, et que sous ce rapport les traversées des colonies qui se font en un mois sont insuffisantes ; que si nous étions en guerre, obligés d'envoyer des croisières au loin, les hommes accoutumés à la grande navigation se trouveraient tout formés, tandis que ceux qui n'ont été qu'aux colonies auraient encore leur apprentissage à faire ; que dans les voyages des colonies, sans vouloir déprécier en rien ceux qui les font, on se passe fort bien des connaissances indispensables dans la navigation lointaine ; qu'enfin c'est dans les mers éloignées et dangereuses, comme peut l'être celle de Chine, que les marins se forment de la manière la plus prompte et la plus certaine. Il semble aussi que M. le directeur-général, avant de prendre sous son bonnet une opinion contraire à celle exprimée par les ministres ses chefs, ainsi que par les législateurs, aurait dû au moins consulter les juges compétents, et surtout ne pas s'en servir comme de prétexte pour la violation de lois d'encouragement.

3ᵉ *Principe.* — A mon précédent voyage ayant trouvé la Chine bloquée par les Anglais, et Manille sans produits de retour, je pris dans ces deux pays quelques marchandises et vins compléter mon chargement à Java. Je savais que la loi me refusait le bénéfice de la prime pour avoir négocié en route ; cependant, comme il y avait eu force majeure, et pensant en avoir rempli le but, je vins lui demander la prime attachée aux produits pris en Chine seulement. Il est inutile de dire qu'il me refusa net, et comme je me permis de demander l'intérêt qu'il pouvait avoir à m'empêcher de commercer sur ma route en retour, il me répondit : — Qui peut m'assurer que vous ne débarquerez pas votre canelle à Batavia, pour en embarquer d'autre? — (Il s'agissait principalement de canelle.)

Observation. — Voilà un directeur du commerce qui s'imagine que je vais payer des frais d'embarquement et de débarquement, des droits d'entrepôt, commission, etc., sur une marchandise pour en reprendre une pareille. N'est-il pas de la force de Panurge, qui achetait cher pour vendre bon marché? — Au reste, pendant mon absence cette disposition a été changée par M. le directeur, [1] lequel a fait l'étonné quand je lui ai rappelé son refus, comme preuve de sa bonne volonté à mon égard.

Pour ne pas abuser de la patience du lecteur, je termine ici la première partie de cette brochure où j'ai essayé de lui faire sentir les vices flagrants, suivant moi, de nos lois commerciales. Quoiqu'elle puisse lui paraître bien longue, je me suis cependant efforcé d'être bref, laissant de côté plusieurs questions importantes, et me bornant à celles qui se sont présentées les premières au bout de ma plume. Nous allons passer à l'examen des rapports de l'administration des douanes avec les commerçants en chair et en os; et pour être plus sûr de rester dans la vérité, je ne citerai que des faits personnels.

---

(1) Sans qu'il y ait eu de loi nouvelle pour modifier l'ancienne, ce qui prouve que le texte se plie volontiers aux exigences.

DEUXIÈME PARTIE.

DES RAPPORTS DE L'ADMINISTRATION DES DOUANES AVEC LES NÉGOCIANTS ET SURTOUT AVEC LES MARINS.

CHAPITRE PREMIER.

FAITS DIVERS.

Je ne me dissimule pas que peu de personnes liront cette brochure, détournées qu'elles en seront par le titre seul, qui leur annonce un sujet aride auquel on s'intéresse fort peu ou pas du tout ; et je mets en doute si même traité par la plume la plus habile, c'est-à-dire, tout l'opposé de la mienne, il obtiendrait plus de succès. Pour se concilier la faveur de la multitude, il lui faut de belles paroles qui flattent sa vanité, et surtout ne pas l'exposer à réfléchir, car chacun ne veut s'occuper que de ce qui l'interesse personnellement sans s'inquiéter de son voisin. — On se dit ; nous payons fort cher un gouvernement pour diriger les affaires en général, c'est donc lui qu'elles regardent, et s'il les mène de travers, c'est sa faute et non pas la nôtre. Nous avons rempli notre devoir, tant pis pour lui s'il ne sait pas s'acquitter du sien. C'est ainsi que nous raisonnons en France, pays de l'égoïsme par excellence ; et lorsqu'ensuite les désastres nous arrivent, nous accusons les choses et les hommes, au lieu de nous en prendre à notre propre insouciance.

Cet exorde, qui m'est venu tout naturellement sans que je le cherchasse, est la conséquence de ce qui va suivre. Comment espérer qu'on accordera quelque attention à ces dernières pages, lorsqu'il ne s'agit que d'une classe d'hommes dont on a à peine entendu parler, et dont personne ne se soucie? — Qu'avez-vous à reprocher à la direction commerciale, me dira-t-on, pour s'éviter la peine d'une investigation? Ses tracasseries! mais vous les exagérez sans doute; car c'est à peine s'il nous est revenu de temps en temps quelques plaintes; et si les choses étaient telles que vous les dépeignez, comment les aurait-on supportées en silence pendant un si long temps? — Ses injustices et ses spoliations! mais vous ne savez ce que vous dites, et inventez à plaisir les calomnies et les injures; car notre directeur en qui nous avons toute confiance, puisque nous le payons grassement, nous affirme qu'il maigrit, tourmenté qu'il est par sa préoccupation de votre bonheur et de vos intérêts. Or, un directeur ne ment jamais, comme nous le savons de reste, et surtout celui-ci que nous avons vu gouverner avec tant de gloire pendant les quatorze années qui datent de la révolution de juillet. Voilà ce que m'objecteraient, sans doute et avec quelque logique, ceux qui ne veulent pas se donner la peine d'en savoir plus long; mais qu'ils s'adressent à tous les hommes qui s'occupent d'armements et d'expéditions, et ils verront si les choses sont pour le mieux dans le meilleur de tous les pays possibles.

Sans autre préambule je vais justifier mes plaintes, non par des paroles en l'air, mais par des faits d'autant plus certains, qu'ils me sont personnels, priant le lecteur de se rappeler que, bien que je sois en scène, je représente la marine ou le commerce en général, puisque les rigueurs et les iniquités n'ont pas été inventées pour moi seul.

Il y a quelque vingt ans, je me trouvais en Chine avec un grand navire. Le chargement était presque terminé lorsque l'on m'écrivit de Wampou, où mon navire était mouillé, à Canton, où je demeurais, que des voleurs chinois, les plus rusés qu'il y ait au monde, avaient ouvert pendant la nuit un des

sabords de la Sainte-Barbe et enlevé un certain nombre de
caisses de thé. Il se trouvait en ce moment à bord six mille
caisses de thé, sans compter les autres marchandises, et il était
impossible de s'assurer du nombre de celles enlevées sans dé-
charger presque entièrement, opération tout à fait impratica-
ble. Je laissai donc les choses telles quelles, et, en arrivant en
France, je prévins l'Administration de l'accident qui m'était
survenu, et que je ne pouvais préciser la quantité de caisses
qui manqueraient sur le nombre exact de ma cargaison. Après
l'entier déchargement, il fut reconnu qu'il manquait vingt-
cinq caisses ; c'est-à-dire, que les Chinois ayant volé ces vingt-
cinq caisses, j'avais fait une perte de vingt-cinq caisses de thé.
Eh bien ! je vous suppose, lecteur, infiniment d'esprit et de
finesse, mais je vous le donne en cent ou en cent mille pour
deviner le genre de consolation que je reçus de cette Administration protectrice du commerce ; suivant M. Lacave-Laplagne,
porte-voix de M. Gréterin, elle me dédommagea, sous la forme
d'amende, par la bagatelle de 7,500 et quelques francs et
quelques centimes. Il y a si longtemps de cela, que j'ai oublié
le chiffre exact, qui au reste importe peu à l'affaire. Vous ne
vous attendiez pas sans doute à ce dénouement; mais c'est
que vous n'êtes pas dans le secret de ces hautes intelligences ;
moi, qui ne les connais que trop, comme vous le verrez plus
tard, je crois pouvoir vous en donner l'explication. Les douaniers, surtout le grand chef, ont, par devoir et par nature, le
cœur très-tendre pour les bourses des négociants (dans lesquelles ils ont le droit de puiser à discrétion pour leur propre
compte) quand ils les supposent bien garnies ; et, se regardant
comme nos protecteurs-nés, ils sont plus sensibles à nos pertes
que nous-mêmes. Voici comment ils raisonnent. On n'est jamais volé, on ne se trompe jamais que par sa propre faute ;
c'est une vérité reconnue de tout le monde, comme celle-ci,
par exemple, que c'est toujours par sa propre faute que l'on se
casse le cou ; vous comprenez sans doute. Or, il faut être puni
de ses fautes pour s'en corriger , c'est encore une vérité qui
date de l'enfance ; et parce que nous sommes très-sensibles à

ce qui vous touche, en même temps qu'il vous faut une leçon pour l'avenir, nous vous la donnons sous la forme d'amendes qui nous semblent encore bien légères. Ne faut-il pas que nous soyons consolés du chagrin que nous avons éprouvé de votre disgrâce ? J'espère que vous avez compris. J'ajouterai cependant, qu'après bien des démarches et des pourparlers, les 7,500 et quelques francs et quelques centimes furent réduits à 3,000 et quelques francs et quelques centimes, si j'ai bonne mémoire. Mais il me revint que quelques employés se plaignirent qu'il ne faudrait pas que les affaires s'arrangeassent souvent de cette manière, parce qu'ils y perdraient trop et que le métier ne serait plus tenable. Si l'on m'objectait que le fait que je cite s'est passé avant le règne du directeur actuel, je répondrais que, sous le rapport des amendes ainsi que sous tous les autres qui s'y rattachent, il y a eu récrudescence, et qu'aujourd'hui on ne m'aurait pas même fait grâce des centimes.

Il y a encore bien des années que, revenant de parcourir les mers de l'Inde et de la Chine, je complétais mon chargement à Bourbon. C'était dans le mois de février, saison de mauvais temps ; tout était embarqué heureusement, et je n'avais plus qu'à m'expédier en douane lorsque le coup de canon d'appareillage se fit entendre. Il n'y avait pas une minute à perdre, je laissai l'ordre de m'envoyer mon manifeste en France, et ayant eu le bonheur de me rendre à bord sans me noyer, je mis sous voiles, faisant route pour mon retour. En arrivant je fis ma déclaration, qui fut admise sous caution, mais il me fallut payer une amende de 1 franc par sac, et, comme il y avait beaucoup de sacs, l'amende fut considérable.

Je citerai encore un seul exemple du même genre pour ne pas fatiguer le lecteur de faits qui se ressemblent tous. A mon avant-dernier voyage j'avais pris à l'île Java deux mille huit cents sacs de sucre qui étaient bien de la même nuance et qualité, car ils provenaient de la même fabrique, du même magasin et du même tas. De plus, ils avaient été remplis et mêlés ensemble sans distinction. Pour en faire les assurances j'en marquai la moitié d'une manière et la moitié d'une autre, et les déclarai, comme ils l'étaient en effet, bruts autres que blancs. Les douaniers, qui ne savaient pas cela, mais qui savaient fort bien qu'ils pourraient palper une amende en refusant ma dé- claration, n'admirent qu'une partie et rejetèrent l'autre. Ils pouvaient me dire que je me trompais et refuser l'admission de mes sucres, ce qui déjà était assez inique, mais, comme dédom- magement de leur peine, il me fallut payer 805 fr. 55 c., preuve en main. J'allais leur faire observer que, quoique douaniers, ils se trompaient, et leur en donner la raison, quand un négociant de mes amis m'arrêta par cette remarque, que je leur ferais aussi rejeter l'autre.

Les personnes qui désireraient de ce qu'ils appellent leurs bulletins intitulés défaut d'unité, omission, etc., qui se paient de 50 à 300 fr. et au-dessus, peuvent s'adresser à moi, et je leur en montrerai gratis, quoiqu'ils ne me soient pas venus de même. Depuis vingt ans que je commande, je pense avoir payé environ pour une dizaine de mille francs de ces défauts d'unité et omission, sans que jamais, remarquez-le bien, il y ait eu la plus légère apparence et même mention de fraude. Il ne s'agit que d'erreurs, et encore d'erreurs qui ne viennent pas de moi.

Montesquieu a dit du tribunal de l'inquisition : Les autres ju- ges présument toujours à l'avance qu'un accusé est innocent ; ceux-ci le regardent d'abord comme coupable. — La douane va plus loin, elle vous traite en coupable (à moins qu'elle ne vide nos bourses pour nous enseigner le mépris de l'argent), alors même qu'elle vous sait innocent, puisque, si l'erreur pou- vait être punissable, elle ne vient pas du chef. Quand je reviens de n'importe quel pays avec une cargaison composée de plu- sieurs milliers de sacs, caisses et paquets, je sais bien ce que j'ai acheté et envoyé à bord ; mais les vols et les erreurs de ceux qui comptent à terre et à bord font que, sur cent cargai- sons, surtout s'il y entre beaucoup d'objets de peu de valeur, il n'y en a pas une de correcte. Pour ma part, je ne l'ai jamais vu pendant trente ans, et ce sont ces erreurs-là qu'il nous faut payer. On conçoit qu'avec une telle latitude on s'attache à les découvrir, et, ce qui est bien mieux, qu'on en invente. Ainsi il m'est arrivé, après six mois de séjour à terre, de recevoir, la veille de mon départ pour un autre voyage, des bulletins d'amende fabriqués à plaisir pour des choses dont je n'avais jamais entendu parler. Il fallait payer sous peine de perdre mon temps et encore plus d'argent, parce que nos tribunaux sont établis pour que le fisc nous pille impunément.

Concevez-vous cela, lecteur? des erreurs dont il ne peut résulter aucun mal, punies comme de graves délits, comme des crimes! Combien, parmi les grands coupables traduits devant nos tribunaux, en citera-t-on qui aient été condamnés à 10,000 francs d'amende? Ne dirait-on pas que nous sommes des voleurs vis-à-vis desquels tous les moyens sont bons pour leur faire regorger l'argent qu'ils ont pris, ou bien que nous le gagnons si facilement par suite de nos lois savantes et protectrices, qu'il est juste de le partager avec nos bienfaiteurs. Elles sont tellement protectrices nos lois, qu'elles m'ont fait perdre plus de 200,000 sur ma dernière opération.

Il suit de là qu'en France, dans un pays qui a passé par une douzaine de révolutions pour conquérir un régime fondé sur la liberté et la justice, il existe une classe de citoyens, la plus laborieuse de toutes, soumise à une tyrannie réprouvée par les lois divines et humaines, et qui se trouve abandonnée comme une proie à des hommes qui sans elle mourraient peut-être de faim. Un parvenu les dépouille insolemment du fruit de leurs travaux, et aucune voix ne s'élève contre un pareil scandale. Vous pouvez aller en Chine, en Turquie, n'importe où : vous n'y verrez, lecteur, rien de semblable au fait que je vais vous rapporter.

UNE LOI PROTECTRICE.

Je prie le lecteur de donner une attention particulière à ce chapitre, où il est question d'un fait qui est sans pareil dans les annales administratives de tous les pays.

Malgré les nouveaux principes de notre savant directeur, il paraît que, le 2 juillet 1836, le gouvernement reconnut la nécessité d'encourager les expéditions lointaines pour former des marins au long cours, et l'on rendit une loi par laquelle les produits rapportés des îles de la Sonde et des pays situés au-delà jouiraient de la réduction du cinquième des droits.

M. Duchâtel, ministre du commerce, disait à la chambre des députés : « La commission a examiné le projet de loi et l'a trouvé avantageux pour *notre navigation lointaine*. Car le tarif accorde toujours des réductions de droits aux navigations les plus éloignées. — Le motif n'est pas de donner telle ou telle direction à l'industrie, mais de développer *notre marine et d'encourager la navigation*. C'est dans *l'intérêt de la marine* que la réduction dont il s'agit a été prononcée. »

Je ne cite qu'une très-petite partie des discours et considérations présentées dans les diverses circonstances, et seulement ce qu'il en faut pour éclairer le jugement du lecteur.

Le 2 septembre 1838, M. Martin (du Nord), ministre du commerce, s'exprimait ainsi : « Le tarif des douanes, en ce qui concerne les importations par navires français, distingue entre les provenances et favorise les plus lointaines, etc. »

Le principal objet des primes *offertes à la navigation* lointaine, par des droits différentiels calculés en raison des distances, a toujours été de former des marins au long cours et non de diriger le commerce ; car il est clair que le commerce est le meilleur juge de l'utilité des expéditions à entreprendre, etc. Le conseil supérieur a été unanimement d'avis que la première partie dont il s'agit, celle qui tend à favoriser les provenances de la Chine, de la Cochinchine et du grand archipel, devait être maintenue, parce qu'elle est une bonne application du système des surtaxes qui *encouragent la navigation au long cours*, la meilleure école des marins, parce qu'elle ménage des chances à l'avenir de notre commerce, ou du moins ne lui en refuse aucune ; mais il a également pensé qu'il était nécessaire de supprimer la disposition qui assimile les îles de la Sonde aux passages situés au-delà, etc.

Ainsi comme on le voit, l'esprit de l'ordonnance du 2 septembre 1838 était le même que celui de la loi du 2 juillet 1836, c'est-à-dire, d'encourager la navigation lointaine, et le texte en était parfaitement semblable. Au reste l'esprit se trouvait confirmé par l'ordonnance même. La loi précédente avait compris dans la même faveur les îles de la Sonde et les parties de l'Asie plus éloignées, mais comme on s'arrêtait naturellement à ces îles en négligeant les autres lieux, l'ordonnance pour forcer les navires à pousser au-delà retira cette faveur aux îles en la laissant subsister pour les contrées éloignées. Ces motifs étaient justes et conformes à l'esprit de toutes les lois maritimes, et ce sont les seuls qui furent présentés à la chambre des pairs par M. Nau de Champlouis, rapporteur de la loi, qui avait pour objet la consécration pure et simple de l'ordonnance. Il est impossible de citer une seule phrase, un seul mot qui démontre une intention autre que celle exprimée ci-dessus.

On voit qu'il s'agissait uniquement de favoriser la navigation et non les produits de tel ou tel pays étranger que nous connaissons à peine, et dont nous ne recevons aucune réciprocité de faveur. Les faits et les instructions s'accordent pour démontrer, ce qui au reste devait être superflu, que la loi du 2 juillet 1836, ainsi que l'ordonnance du 2 septembre 1838, n'avaient qu'un but unique et rationnel : l'encouragement de la navigation.

Pour mettre le lecteur au courant de l'iniquité de notre directeur à mon égard, je vais lui mettre sous les yeux la pétition que j'ai adressée à la chambre des pairs, et la lettre que j'ai écrite à ce sujet au *National*, et dont il n'a pu s'occuper encore à cause de l'abondance des matières pendantes.

PÉTITION A MESSIEURS LES PAIRS.

MESSIEURS LES PAIRS,

Le navire l'*Elisabeth*, dont j'étais capitaine et propriétaire, est parti de Bordeaux au mois de mai 1842 avec une cargaison de pro-

duits français, d'une valeur de 300,000 fr., que j'ai portée à Java,
aux Philippines et en Chine.

N'ayant pu compléter dans ce dernier pays mon chargement de
retour, je suis revenu à Manille en mars 1843, et entre autres marchandises, j'ai pris des cafés qui se trouvaient disponibles dans
l'entrepôt de cette place. De là j'ai effectué mon retour directement au Havre où je suis arrivé en août dernier. J'ai donc fait une
navigation de quinze mois, exporté pour une valeur considérable
de nos produits et parcouru les pays éloignés où la loi du 6 mai 1841
avait eu pour but de diriger nos opérations ; sous tous les rapports
j'ai donc rempli le vœu de cette loi.

Mais les cafés que j'ai rapportés sur l'*Elisabeth* ont été pris dans
l'entrepôt de Manille, et pour ce fait seul, la douane leur refuse le
bénéfice de la loi, sous prétexte qu'ils devaient être du crû même
de ce pays. Il m'est facile de démontrer en peu de mots l'illégalité
de cette prétention. Une ordonnance royale du 2 septembre 1838
s'exprimait ainsi :

« La disposition de l'art. 1er de la loi du 2 juillet 1836, relative
» aux produits des îles de la Sonde, ne s'appliquera, à l'égard des
» navires français à destination des mers de l'Inde, qu'aux pro-
» duits naturels, le sucre excepté, qui seront rapportés en droiture
» des pays situés au-delà des passages et des îles de la Sonde, soit
» au nord du 3e degré de latitude nord, soit à l'est du 106e degré
» de longitude est. »

Cette ordonnance, comme le prouve l'exposé des motifs, ainsi
que la loi du 2 juillet 1836, dont elle était une correction, avait
pour but unique de favoriser la navigation lointaine en reculant
les limites de la zône privilégiée par cette loi dont ainsi elle con-
sacrait l'esprit. Lorsqu'elle fut présentée pour être convertie en
loi, il ne fut question que de sa reproduction pure et simple qui,
ayant été reconnue conforme anx véritables principes et aux intérêts du commerce, fut adoptée sans la moindre discussion.

Mais, après avoir soumis cette ordonnance à la sanction des législateurs, et sans les en prévenir, on se permit la transposition
d'un mot, sur laquelle on se fonde aujourd'hui pour prétendre que
l'esprit de l'ordonnance et l'ordonnance elle-même ont été complètement changés par la loi. Voici cette nouvelle rédaction de la loi
du 6 mai 1841 :

« Les dispositions de l'art. 1er de la loi du 2 juillet 1836 relatives
» aux produits des îles de la Sonde, ne s'appliqueront, à l'égard
» des navires expédiés à destination des mers de l'Inde postérieu-
» rement à l'ordonnance du 2 septembre 1838, qu'aux produits
» naturels, le sucre excepté, des pays situés au-delà des passages
» et des îles de la Sonde, soit au nord du 3e degré de latitude nord,
» soit à l'est du 106e degré de longitude est, et qui en seront rap-
» portés en droiture. »

Comme la différence que l'on prétend exister entre cette loi et l'ordonnance n'est pas facile à saisir, je vais vous l'exposer brièvement.

Dans l'ordonnance nous lisons : « Aux produits naturels qui seront rapportés en droiture *des* pays ; » ce qui voulait dire qu'il suffisait d'avoir porté notre commerce et notre navigation au-delà des limites spécifiées et que les marchandises en fussent rapportées directement en France. Le but était l'encouragement de la navigation, et l'esprit conforme aux lois qui régissent la matière , en établissant des droits proportionnels à la longueur de cette navigation.

Dans la loi on a écrit : « Aux produits naturels *des* pays qui seront rapportés en droiture ; » et de cette simple transposition du mot *des*, contrairement aux vœux des chambres qui n'en ont pas été prévenues, et sans en avoir aucunement avisé le commerce , on prétend tirer cette conclusion : que ce sont les produits naturels du crû des pays d'où l'on vient qu'il faut rapporter en droiture, c'est-à-dire, que ce n'est plus notre commerce et notre navigation que la loi a eu pour but de favoriser, mais la culture dans des pays étrangers où les principaux produits de notre sol sont repoussés par des droits prohibitifs. Ainsi tout notre passé commercial et le principe fondamental de nos lois maritimes, qui établissent des droits différentiels en raison des distances sans avoir égard à l'origine des marchandises , se trouveraient anéantis sur la transposition occulte d'une particule.

Une nouvelle preuve cependant que la loi du 6 mai 1841 n'est que la reproduction pure et simple de l'ordonnance du 2 septembre 1838 se tire du rapport de M. Nau de Champlouis à la chambre des pairs, dans lequel, après avoir exposé que l'encouragement donné à la navigation lointaine par la loi du 2 juillet 1836 n'avait pas produit les résultats qu'on en attendait, il termine ainsi :

« Ce fut l'objet de l'ordonnance du 2 septembre 1838 dont on
» vous demande de consacrer les dispositions en déterminant que
» l'art 1er de la loi du 2 septembre 1836 ne s'appliquera qu'aux
» produits naturels, le sucre excepté , rapportés directement sur
» navires français des pays situés au-delà des passages et des îles
» de la Sonde. »

La loi est donc bien clairement et légalement la reproduction de l'ordonnance ; comment se fait-il maintenant qu'il existe entre elles une différence de rédaction ? C'est ce que je ne suis point appelé à examiner ici ; mais on me permettra de conclure du simple exposé qui précède, que je suis excusable de ne pas l'avoir devinée, si elle existe, puisque personne dans le pays et dans les chambres ne s'en est aperçu.

Si à la question d'équité je fais succéder celle de convenance, elle parle tout aussi haut en faveur de l'ancienne rédaction. Prétendre que les marchandises que nos navires apportent en retour doivent être originaires des pays où on les a embarquées, serait un antécédent contraire à toutes les règles établies jusqu'à ce jour et désastreux pour notre commerce qu'il soumettrait, sans motif quelconque, à des interprétations arbitraires et à des difficultés sans fin. Ce serait en même temps lui retirer le bénéfice du commerce d'entrepôt, qui est un de ses principaux aliments et souvent son unique ressource. Les instructions de la douane elle-même sont précises à cet égard, car nous lisons dans son tarif général, à la page 13, article distinction des provenances :

« L'application des droits d'entrée aux marchandises qui arri-
» vent par navires français, n'exige aucun autre éclaircissement
» que celui déjà donné à la page 7 ; on ajoutera seulement que ces
» distinctions s'appliquent uniquement à la provenance et non à
» l'origine des marchandises, et qu'on n'a pas à rechercher si tel
» objet est réellement une production du pays d'où il arrive.
» Ainsi les mots de l'Inde n'obligent pas à vérifier que les mar-
» chandises sont extraites du sol *de l'Inde*, mais seulement à re-
» connaître par les papiers du bord qu'elles en sont apportées par
» navires français ; car le but de la loi est uniquement de réduire
» les droits en raison de la longueur des courses entreprises par
» nos navires. »

Malgré ces sages et justes dispositions, notre commerce n'a pas expédié, l'un dans l'autre, par année, deux navires dans les mers de la Chine, et l'on conviendra que le moment est bien mal choisi pour fausser l'esprit des lois à son désavantage, lorsque tous les efforts du gouvernement tendent à agrandir nos rapports avec ce pays.

Les chambres de commerce de Paris, du Havre et de Bordeaux, ont adressé des remontrances aux ministres du commerce et des finances pour protester contre l'injuste prétention de la douane et le tort qui devait en résulter pour le commerce en général. Leurs lettres étant restées sans effet, je me trouve dans la nécessité d'en appeler à la protection de la Chambre, pour que, dans une question toute de moralité en ce qui me concerne et dont dépend l'avenir de notre commerce maritime, elle veuille bien s'expliquer sur le sens qu'elle a voulu donner à la loi du 6 mai 1841. J'espère qu'elle ne permettra pas qu'on abuse de sa confiance pour méconnaître ses intentions ; que, pour récompense d'avoir porté pendant vingt ans notre pavillon dans ces contrées éloignées, je sois la victime d'un véritable jeu de mots, et que, dans un intérêt mesquin et fiscal, on viole à mon égard les grands principes d'équité et de bonne foi qui doivent régler les rapports entre les particuliers et les pouvoirs de l'Etat.

J'ai l'honneur d'être avec respect, Messieurs les Pairs,
Votre très-humble et obéissant serviteur.

Paris, 1er juin 1844.

Monsieur le Rédacteur,

Lorsque dans un pays les ministres, qui en sont les premiers citoyens, osent donner publiquement l'exemple de la mauvaise foi, qu'ils abusent de la confiance qui s'attache à leurs paroles, comment serait-on étonné des progrès de la démoralisation sociale? C'est cependant ce qu'a fait M. le Ministre des finances dans sa réponse au rapport de M. le comte Daru, relatif à la pétition que j'avais adressée à la Chambre des Pairs. La commission, après un examen attentif des faits, avait été unanime pour le renvoi aux Ministres du commerce, de la marine et des finances, parce que, bien qu'il ne s'agît, pour le moment, que d'un intérêt privé, celui de notre marine et de notre commerce s'y trouvait étroitement lié. Une autre considération qui, sans doute, ne lui avait pas paru de légère importance, était celle d'un homme exposé à devenir victime de sa confiance dans les lois de son pays. Eh bien! malgré le sentiment de la Commission exprimé dans le mémoire lumineux de M. le comte Daru, son interprète, la Chambre, par une bien rare exception, a passé à l'ordre du jour; c'est-à-dire que, dans une demi-heure de conversation, qu'elle a à peine écoutée, elle a mieux et différemment apprécié la question, que les membres du comité qui ont eu deux mois pour l'étudier. J'ai néanmoins trop bonne opinion des lumières et de la justice des douze pairs qui ont voté contre moi, pour croire qu'ils aient été dupes des pitoyables raisons et des impostures (je ne trouve pas d'autre terme moins fort pour rendre ma pensée) que M. le Ministre des finances a opposées à la plaidoirie pleine de sens et de conviction de M. le Rapporteur, mais ils lui ont vu mettre tant de chaleur à repousser ce renvoi, il y avait dans sa voix tant de supplication, qu'ils n'ont pas voulu lui causer tant de peine pour si peu de chose. De quoi s'agissait-il, en effet? de deux bagatelles! de la fortune d'un simple particulier et de l'intérêt mesquin de notre commerce maritime. On conçoit que la satisfaction d'un ministre devait paraître d'une bien autre importance.

Le but de cette lettre est de réfuter ce que j'ai improprement appelé les mauvaises raisons de M. le Ministre, car elles appartiennent en propre au directeur des douanes, dont il est le mandataire; et d'en appeler à l'opinion publique, dernier recours des opprimés. Il faut qu'elle sache comment, dans notre bienheureux pays, les dépositaires de l'autorité osent impudemment abuser de la sainteté des lois.

1° M. le Ministre a soutenu que les lois et ordonnances de 1834.

1836, 1838 et 1841, ont été faites en faveur du commerce et des produits originaires des parties de l'Asie qui y sont désignés.—Pour qu'il en soit ainsi, il faut que les Chambres de commerce, les négociants, la commission de la Chambre et les employés de douane, ne sachent pas lire, ou que la valeur des mots de notre langue ait complètement changé, car, ainsi que l'a exposé le rapporteur, *il ne se trouve pas dans les documents une seule phrase, un seul mot, qui décèlent une pareille intention, et la bonne foi des Chambres a été surprise.* Il a démontré, sans réplique, qu'elles ont eu pour but unique et ostensible l'encouragement de la navigation lointaine. Si le Ministre savait où se trouvent les preuves contraire, pourquoi n'en a-t-il pas donné au moins une?

2° La loi du 6 mai 1841 enlevait tous les doutes que les lois et ordonnances antérieures pouvaient laisser subsister sur les intentions du gouvernement.—Voici comment les choses se sont passées. D'abord cette loi a été présentée comme textuellement et foncièrement reproductive de l'ordonnance de 1838 dont les termes et l'esprit avaient été reconnus conformes aux principes en faveur de la grande navigation. Mais, par une supercherie dont on ne trouverait pas le second exemple chez les nations civilisées, en demandant aux Chambres la sanction pure et simple de cette ordonnance, et sans aucun avertissement, on opéra la transposition d'un mot, d'une particule, impossible à apercevoir sans en être instruit d'avance, et, suivant M. le Ministre, par le seul fait de cette transposition, le commerce a reçu les avis les plus clairs et les plus précis. Cet avis est si clair et si précis, qu'ayant été trouver M. Nau de Champlouis, le rapporteur même de la loi, les membres de la commission et plusieurs autres pairs, en les priant de me dire la différence qui existait entre l'ordonnance et la loi, pas un seul d'entre eux n'a pu la découvrir, quoique prévenu, et que j'ai été obligé de la leur expliquer. Or, cette transposition de la particule *des*, est le seul avis donné au commerce, et afin que le lecteur puisse en juger par lui-même, je vais vous l'exposer en guise de logogriphe. Il y avait dans l'ordonnance de 1838 : « Les » dispositions de la loi du 2 juillet 1836 ne s'appliqueront qu'aux » produits naturels, rapportés en droiture des pays situés au-delà » des passages et des îles de la Sonde, etc. » Et dans la loi on a mis : « Les dispositions de la loi du 2 juillet 1736, ne s'appliqueront » qu'aux produits naturels des pays situés au-delà des passages et » des îles de la Sonde, et qui en seront rapportés en droiture, etc. » C'est, je le répète, sur cette simple transposition du mot *des*, introduite en abusant de la confiance des Chambres, que l'on se fonde pour prétendre non-seulement que le texte et l'esprit de l'ordonnance ont été changés par la loi, mais pour anéantir le principe vitale de nos lois commerciales, qui établissent des droits proportionnels à la longueur de la navigation , sans avoir égard à l'origine des marchandises (1).

De deux *choses l'une* : ou la loi a été présentée comme reproductive de l'ordonnance, et elle n'y a rien changé ; ou elle avait pour but de la modifier, et en ne prévenant ni les Chambres, ni le commerce, on a commis un faux vis-à-vis d'elle et de nous. Car ainsi que l'a dit la Chambre de commerce du Havre dans sa lettre à M. le Ministre : « Ce serait un véritable piége tendu au commerce » et un procédé tout à fait indigne de l'Administration, qui, si elle » avait eu pareille intention, ne pouvait se dispenser de l'expli- » quer clairement dans l'exposé des motifs. » Or, ni la Chambre du Havre, ni le rapporteur, ni les négociants , n'ont pu découvrir la moindre trace de cette nouvelle intention, si clairement expliquée suivant M. le Ministre. On ne ment pas aussi effrontément devant des gens que l'on respecte et quand on se respecte soi-même. Ceci s'adresse au directeur des douanes dont il est le prête-nom.

3° Il existe un arrêt de la cour de cassation du 10 mai 1841, consacrant les nouveaux principes. — Il paraît que son Excellence suppose que les négociants, et surtout les marins, n'ont rien de mieux à faire que de lire les arrêts de toutes les cours de justice. Si cela est, il se trompe énormément. Où en serions-nous , je le demande, si, à l'occasion de chaque loi commerciale qui doit être de confiance et d'encouragement, il nous fallait parcourir le Digeste pour voir si l'on n'a pas voulu nous tromper ? Est-ce qu'une loi doit avoir d'autre signification que celle du sens commun ? Pour ma part j'affirme, sur l'honneur, que je n'avais jamais entendu parler de cet arrêt, et que sachant ce que l'on gagne, ou plutôt ce que l'on perd, à lutter contre une administration, pour qui tous les moyens sont bons, pourvu qu'elle parvienne à vous piller, au lieu d'aller perdre mon argent en Chine, je serais resté tranquillement au coin de mon feu. J'ajouterai que cet arrêt, seul avis qui nous ait été donné, si on peut le considérer comme tel, a été, pour ainsi dire, arraché à la cour dans une affaire entachée de fraude, comme le fait observer la chambre du Havre, ce qui a sans doute influé sur son jugement. Enfin cet arrêt n'est pas définitif, car ce principe si clair a été repoussé par toutes les cours royales et juridictions du royaume, et l'affaire doit revenir à la cour de cassation, toutes chambres réunies. En tout cas une affaire entachée de fraude ne ressemble pas à une opération loyale.

4° J'ai porté moi-même de Java à Manille les denrées que j'y ai prises en entrepôt, donc le bénéfice de la loi ne m'est pas acquis.—

(1) La loi est si claire et si précise que la douane du Havre, que l'on doit supposer bien informée en affaires, m'a admis au bénéfice de la loi sur la vue de mes papiers, et que ce n'est que huit jours après mon admission que contre-ordre est arrivé de Paris.

En premier lieu, personne au monde, excepté moi, ne peut savoir si ces denrées sont les mêmes que j'ai portées, et celui qui se serait servi pour me nuire d'une confidence volontaire, serait coupable du plus vil abus de confiance. Je nie donc formellement, quoi qu'en ait dit M. le Ministre, que le renseignement dont il parle lui vienne de notre consul. Il y a plus, c'est que ce jeune homme m'ayant proposé un certificat d'origine pour mes marchandises prises à l'entrepôt, comme ayant satisfait suivant lui au but de la loi, je l'ai refusé, non-seulement parce que je le croyais inutile, mais pour ne pas l'exposer à faire un acte incorrect.

Si j'examine le fait en lui-même, les marchandises prises en entrepôt doivent y être portées par navires étrangers ou par nous. On leur accorderait donc un avantage qu'on nous refuserait. Ensuite, quand nous sommes arrivés en pays étrangers avec les moyens soit en argent, soit en marchandises, d'y prendre une cargaison, quel intérêt, si minime qu'il soit, avons-nous à ce qu'elle se compose de denrées du crû ou d'ailleurs? L'important n'est-il pas que nous fassions une bonne spéculation pour être encouragés à en entreprendre d'autres?

5° Si je suis en désaccord avec l'administration, la voie des tribunaux m'est ouverte. — Mais si les tribunaux appliquent la loi sur les mots et non d'après l'esprit, et que vous ayez changé les mots par fraude, ne dois-je pas m'adresser à ceux que vous avez trompés, pour qu'ils réparent le mal qu'ils peuvent me faire?

6° L'esprit des lois antérieures a toujours été tel que vous le soutenez. — Et le navire l'*Alexandre* qui avait pris à Ceylan une cargaison portée par lui à Singapour et réembarquée, auquel vous avez, c'est-à-dire, votre directeur, accordé le bénéfice de la loi, était-il oui ou non dans le même cas que moi?

7° La loi n'a pas accordé une prime aussi forte seulement pour qu'on prît des marchandises sur sa route, qu'on les portât dans les contrées favorisées et qu'on les y reprît après leur avoir fait faire la promenade. — Je réponds à cette objection que c'était au gouvernement à savoir calculer sa prime suivant ses intentions, et que, s'il l'a accordée trop forte, c'est sa propre faute; que cette prime n'est que rationnelle, un voyage de Java en Chine et à Manille étant à peu près double de celui de France à Java et offrant de tout autres difficultés en navigation; qu'enfin nous ne pouvons connaître que ce qu'on veut bien nous dire.

Admettant ensuite, ce qui peut se concevoir, mais ce qui n'a jamais été dit de quelque manière que ce soit, qu'on eût aussi pour but de favoriser nos exportations, du moment que cette exportation a eu lieu, comme dans le cas qui me concerne, que nous importe le point du monde où elles ont été vendues? L'argent de l'un ne vaut-il pas celui de l'autre, et n'en est-il pas de même pour les marchandises?

8° Il existe dans les cartons du ministère une correspondance qui constate quelles étaient ses intentions. — En avons-nous eu connaissance de cette correspondance, Monsieur le Ministre? veuillez me dire quand et où vous l'avez publiée. Ainsi, désormais, ce n'est plus dans le texte des lois, les exposés des motifs et les discussions législatives qu'il faut prendre connaissance des lois, mais dans la correspondance des Ministres que nous sommes obligés de deviner. Il faut un certain courage pour oser débiter des raisons aussi saugrenues.

9° Je terminerai par l'examen d'une plaisanterie un peu trop forte que s'est permise son Excellence et qui ne pouvait passer inaperçue qu'à la Chambre des pairs, lorsqu'il a parlé de la sollicitude de l'administration de la douane pour les intérêts des commerçants. On peut plaisanter avec les gens, mais non se moquer d'eux à ce point. Quoi! la douane, ou plutôt son directeur, nous protége quand nous avions la simplicité de croire qu'il nous persécutait! De qui tenez-vous cette heureuse découverte, je vous prie, Monsieur le Ministre? Vous vient-elle des négociants? Mais si vous en trouvez un sur cent, sur mille qui ne s'en plaigne amèrement, je reconnais que vous avez prononcé hier votre discours le plus vertueux et le plus logique, et que votre directeur, au lieu d'être un homme borné et un malveillant, comme nous en avons tous la certitude, est au contraire l'homme le plus capable, le plus modeste et le plus libéral de nos quatre-vingt-six départements. Serait-ce par hasard des marins? Ceci me paraîtrait encore plus fort, car si vous en trouvez un sur cent mille qui ne le maudisse de tout son cœur, je reconnais que vous avez parlé avec la franchise qu'on leur attribue, et que votre directeur, au lieu d'être positivement la cause permanente du triste état de nos affaires et une véritable peste pour le pays, en est le bon génie et le sauveur.

Quoique je m'adresse à vous, Monsieur Lacave-Laplagne, et que vous ayez déployé autant de chaleur pour me dépouiller du fruit légitime de mon travail (moi à qui vous avez rendu cette justice que j'étais un homme utile et honorable qu'il fallait encourager), que si vous aviez défendu la veuve et l'orphelin, je vous plains et vous en veux peu, car vous n'êtes ici qu'un écho. Au lieu de vous montrer digne de cette glorieuse place de Ministre qui vous commandait de voir les choses sous le point de vue élevé de l'intérêt général et d'une justice large et impartiale, vous êtes descendu dans l'ignoble arène de la chicane fiscale, et traîné à la remorque d'un homme dont l'arrogance est tout le mérite, vous avez menti à votre conscience et aux juges qui vous écoutaient. Vous vous êtes montré faible devant le méchant, et fort contre le juste, c'est-à-dire, au-dessous de la définition. Je vous souhaite beaucoup de satisfaction de votre glorieux triomphe, mais elle n'égalera pas, je vous le garantis, celle de l'homme qui vous a envoyé. Je vous pardonne si vous pouvez vous pardonner à vous-même, et cependant je ne vous dis pas adieu ; car il est possible que la Chambre des députés ne se laisse pas aussi facilement attendrir que la Chambre des pairs.

Je ne puis laisser sans réplique la remarque de M. le baron Feutrier : que ma pétition, étant dans mon seul intérêt, n'était pas de la compétence de la Chambre, mais de celle des tribunaux. Je demanderai à l'honorable pair, si une loi qui est inique pour un citoyen n'intéresse pas la société tout entière, et si lorsqu'elle l'est involontairement, mais par leur faute, il n'est pas du devoir des législateurs de prévenir les conséquences fâcheuses qui peuvent en résulter.

Il suit de ce qui précède que nous vivons sous un régime commercial unique dans le monde. Aux plaintes qui s'élèvent de tous côtés sur la décadence progressive de notre commerce maritime, on répond par des phrases et des promesses mensongères dont il paraît que tout le monde se contente. Si l'on réclame un commerce plus actif avec les pays voisins de la Chine, on y envoie une ambassade dispendieuse, et d'un autre côté on retire au commerce son principal aliment ; on s'efforce de ruiner les quelques hommes qui ont jusqu'à ce jour entretenu nos rapports avec ce pays, et l'on abolit pour leur faire tort le principe fondamental de nos lois commerciales. Il faut que nos Chambres soient aussi peu instruites en matière commerciale pour être dupes des balivernes qu'on leur conte. Elles voient chaque jour notre commerce maritime passer aux mains des étrangers, des tableaux qu'on ne charge pas sont mis sous leurs yeux, et elles s'endorment sur l'assurance adjointe que nous jouissons de la plus grande prospérité.

En ce qui me concerne, les Chambres de commerce ont adressé des plaintes aux ministres, la commission de la Chambre des pairs a été unanime en ma faveur, je n'ai pas rencontré un seul homme d'état ou un employé de douane, dont l'opinion ne me fût favorable ; la douane du Havre m'avait admis au bénéfice de la loi ; enfin, placé devant un juri quelconque, ma cause ne présentait pas une chance contraire, et tout s'est évanoui devant l'animosité personnelle d'un seul homme. Je le dirai franchement, les hommes de la restauration ont pu commettre des fautes, mais ils étaient justes et honorables, ils se respectaient et le gouvernement qu'ils avaient l'honneur de représenter. Si la révolution de Juillet n'a eu d'autre résultat que de changer le pouvoir de mains, de placer à la tête des affaires ceux qui devaient rester à la queue, quels fruits, je le demande, aurons-nous retirés de tous nos sacrifices, si ce n'est le pire des despotismes, celui des parvenus ?

J'ai l'honneur d'être, Monsieur le Rédacteur,

Votre très-humble serviteur.

P. S. Les personnes qui désireraient de plus amples renseignements, les trouveront dans le *Moniteur* du 1er juin.

Je terminerai ce chapitre par une réponse à une objection
que l'on m'a faite. Quelques personnes, tout en admettant l'é-
quité et la justice de ma cause et la honteuse conduite du gouvernement à mon égard, ont pensé que le texte de la loi était
contre moi, *dura lex, sed lex.* Je leur demanderai à quoi servent alors les exposés des motifs et les discussions qui précèdent les lois, si ce n'est pour en développer l'esprit, afin que
personne ne s'y trompe ; et si, dans le cas où l'on devrait appliquer le texte brut sans avoir égard aux intentions, les con-
sidérants ne seraient pas de véritables piéges? Ne vaudrait-il
pas mieux alors donner les lois tout simplement, afin qu'on en
étudiât les mots seuls, en les interprétant sous sa propre res-
ponsabilité? Si le texte est toute la loi, pourquoi les tribunaux
donnent-ils les motifs de leurs jugements pour démontrer qu'ils
sont rendus suivant son esprit? Préférer le texte brut à l'esprit
bien reconnu d'une loi serait placer la matière avant l'intelligence, c'est-à-dire, aller directement contre le but qu'on se
propose. N'est-ce pas surtout en fait de lois que l'on doit se
rappeler les paroles de l'Evangile : « La lettre tue et l'esprit
vivifie. »

On conçoit que, lorsqu'il s'agit d'un débat entre particuliers,
la lettre puisse influer grandement sur la décision des juges,
parce que chacun peut exciper de sa bonne foi ou de son erreur ; mais ici le cas est différent : j'ai affaire à celui-là même
qui a formulé et présenté la loi, il ne peut donc se retrancher
derrière son ignorance.

Enfin, et comme dernière preuve matérielle de la mauvaise
intention à mon égard, voici comment les choses sont réglées
par le tarif. Les cafés apportés par navires étrangers paient
115 fr., par navires français venant des entrepôts d'Europe
110, des pays hors d'Europe 104, de l'Inde 85, 8, de Chine et
Manille 68, 6. On voit qu'il y a décroissance suivant la distance :

mais si l'on admet le principe que l'on m'oppose, qui est le
même pour tous, il s'ensuivrait que les cafés devraient être
originaires des entrepôts d'Europe, ainsi que les autres denrées
coloniales qu'on en rapporte. On voit à quelle absurdité l'animosité peut nous conduire, et enfin à quoi serviraient les entrepôts si cette nouvelle législation devait prévaloir.

MONTANT DE MES OBLIGATIONS ENVERS LE DIRECTEUR-GÉNÉRAL.

Afin que le lecteur puisse apprécier de combien je suis matériellement redevable à notre estimable directeur des douanes,
je lui en soumets le chiffre très-approximatif.

Il veut me frustrer en ce moment du cinquième des droits
sur deux cargaisons apportées des mers de Chine, lequel s'é-
lève à. . . . . 107,000 fr.

Par suite du refus de reconnaissance de ces
mêmes droits, j'ai réellement perdu sans retour
sur la vente de ces cargaisons environ. 120,000

Total. . . . . 227,000 fr.

Je ne parle pas d'une infinité de frais accessoires et des ennuis que j'ai dû éprouver. parce que l'on peut se les figurer.

On a vu plus haut qu'il avait fait passer de ma poche dans la
sienne plusieurs milliers de francs, sous prétexte d'amendes ;
mais ce ne sont que des bagatelles.

Telle est la protection dont je lui suis redevable pour récompense d'avoir pendant vingt ans fait flotter avec honneur le pavillon français sur les mers les plus éloignées, et d'avoir exporté pour je ne sais combien de millions en produits de notre
sol et de notre industrie. Il y a des milliers de marins et de négociants qui se trouvent dans le même cas que moi, quoique
sur une échelle moindre, par la raison qu'ils ont fait des affaires
moins grandes ou moins suivies. En conscience, lecteur, pensez

vous que l'amertume de quelques paroles emportées par le vent
établisse entre lui et moi l'égalité de notre balance commerciale.

***

QUELQUES RÉFLEXIONS TARDIVES,
QUE L'ON N'A PAS VOULU OMETTRE DANS LA SUPPOSITION QUE LE PUBLIC AURAIT PU LES REGRETTER.

Je conviens que le titre de ce dernier chapitre doit paraître
quelque peu prétentieux ; mais je compte sur la sagacité du
lecteur pour en apprécier le véritable sens.

La douane, comme tous les pouvoirs de l'état, est une éma-
nation de la volonté nationale ; or, si cette volonté pouvait être
recueillie par une seule bouche, voici, sans aucun doute, comment elle s'exprimerait au nom de tous : « En vous accordant
» ma confiance et mon autorité, je vous ai imposé l'obliga-
» tion de favoriser, par tous les moyens dont je dispose, les in-
» térêts des particuliers, dont se forme l'intérêt général ; et
» comme un des plus sûrs d'arriver à ce but, je vous recom-
» mande avant tout d'être juste. Je vous préviens que le com-
» merce maritime, spécialement confié à vos soins, est une des
» premières sources de la prospérité du pays, et que les chances
» qu'il présente par lui-même sont assez grandes pour que
» ceux qui s'y exposent soient exempts de toutes craintes sous
» les autres rapports. Lorsque, dans un motif d'intérêt quel-
» conque, vous ferez des lois ou règlements, vous les rédige-
» rez de telle sorte qu'ils soient clairs et précis, et les ferez
» précéder de commentaires qui, dégageant les mots de l'am-
» biguité qu'ils présentent quelquefois, les mettront à la por-
» tée de toutes les intelligences. Vous comprendrez de reste
» que ce serait une lâcheté mal calculée de ma part de vouloir
» tromper des gens qui ne peuvent rien entreprendre que sur
» la foi de mes promesses. Si, malgré vos efforts, le cas de con-
» testation que je veux éviter se présentait, avant de pousser

» les choses à l'extrême, vous vous assurerez si vous n'avez pas
» donné lieu à l'erreur, et si ceux à qui vous avez affaire ont
» été de bonne foi, puisqu'elle doit être l'unique base de mes
» rapports avec les particuliers. Vous vous rappellerez enfin
» que vous représentez une nation entière luttant contre un
» seul homme, c'est-à-dire, la force aux prises avec la faiblesse,
» et que même, avec des droits égaux, il vaut mieux que je
» supporte une perte, qui n'est que légère pour moi, tandis
» qu'elle peut entraîner sa ruine. » Je doute qu'il y ait un seul
homme en France ou sur la terre qui n'approuve de telles maxi-
mes, tandis qu'à notre directeur des douanes elles semble-
raient du grec ou même du latin. A ses yeux, la prospérité du
commerce se trouve dans les coffres de son administration, et
celle des particuliers dans sa propre bourse.

Je le dis avec franchise, je me porte comme antagoniste dé-
claré d'une nouvelle révolution ; car je vois bien ce qu'on y
perd, et nullement ce qu'on y gagne. Nous avions bien quelques reproches à faire à la restauration, mais au moins ses
chefs étaient guidés par l'intérêt du pays ; ils étaient justes et
avaient des intentions grandes et généreuses. Qui voyons-nous
aujourd'hui à leur place ? Des hommes que leurs talents ap-
pelaient à balayer les bureaux où ils règnent en despotes, et
qui, trop bornés pour comprendre les grandes questions nationales, les ravalent à leur petitesse. Pour justifier leur éléva-
tion aux yeux d'un gouvernement faible et peu éclairé, ils
n'ont d'autre moyen que de lui procurer de l'argent à tout
prix, et ne rougissent pas de donner l'exemple de la fraude en
pervertissant la morale publique. On dirait que les journées de
juillet n'ont eu d'autre but que de leur donner des places, à
eux qui sans doute se cachaient alors dans leurs caves. Nous
avons donc beaucoup perdu à notre dernière révolution ; et
quoiqu'il me semble difficile de ne pas gagner à un change-
ment quelconque, j'opine pour qu'on n'en fasse pas de nouvelle, car décidément elles nous portent malheur.

Veut-on un exemple de la suffisance de l'homme dont nous
parlons? Un pauvre employé lui présentait une requête, qu'il

appuyait sur de longues années de service : « Eh parbleu !
» Monsieur, vos années de services ne sont, en résumé, que des
» années d'émargement, » lui répondit-il avec ce ton qu'on lui
connaît. Ainsi, vous tous, employés civils et militaires , qui
croyez avoir acquis des droits à la bienveillance du pays par de
bons et loyaux services, M. le Directeur vous apprend qu'ils ont
été payés, et sans doute que vous devez vous en trouver trop
heureux. Je voudrais bien savoir comment il compte, lui, ses
années de service, si c'est par les centaines de millions qu'il a
coûtées au pays ou par les centaines de mille francs qu'il a
reçues en émargement et en amendes.

Voulez-vous un exemple de sa tyrannie envers ses subal-
ternes ? Un employé d'un port de mer, que je ne nommerai
pas pour une raison que l'on comprendra, s'était rendu agréable aux négociants par sa facilité et son obligeance. Il fut cassé
et mis à la retraite. Des négociants lui proposèrent de parler
en sa faveur ; mais ce pauvre homme les remercia , en les
priant de ne rien laisser voir de leurs intentions, ce qui four-
nirait un motif de lui faire retirer le peu qu'on lui donnait. Le
seul moyen de se mettre en faveur auprès de lui est de provo-
quer les plaintes du commerce.

Dût-on m'accuser d'exagération, je le répète, la France était
le seul pays du monde où l'on pouvait se permettre le tour
d'escamotage législatif dont on voudrait me rendre victime ; et
je mets en doute si dans un autre pays l'auteur ne l'eût pas
payé de sa tête. Si l'on punit le faux privé , qui ne fait tort
qu'à un ou à quelques particuliers, par la plus grande de toutes
les peines, après la peine capitale, quelle sera, je le demande,
celle réservée au faux en matière de lois, lequel s'adresse à la
société tout entière ? N'est-ce pas un des plus grands crimes
connus , et que l'on aurait regardé comme fabuleux sans
l'exemple qui nous en est donné ? Où en sommes-nous, si les
lois que nous invoquons comme notre recours et notre sauve-
garde deviennent des piéges entre les mains de l'autorité ?

La situation du marin marchand français ne saurait se com-
parer avec plus de justesse qu'à celle du poisson volant, cet être

malheureux, qui, trouvant également dans l'air et dans l'onde des ennemis prêts à le dévorer, a excité la compassion de toutes les âmes sensibles. Lorsqu'il est sur la mer (le marin français), des hommes qu'il n'a jamais vus, et qu'il ne reverra jamais, se trouvent avoir le droit de lui donner des ordres, de disposer de son habitation, d'en exiger des actes de soumission servile, et même de le punir comme s'il était à leurs gages ; et lorsqu'il revient dans son pays, pour prix de ses travaux, de ses dangers, d'autres hommes, payés aussi pour le protéger, sont autorisés à lui imposer toutes sortes de vexations, et à le dépouiller, au mépris des plus simples lois de l'équité. Et cependant cet homme réunit dans sa personne deux des états que l'on estime le plus, celui de négociant et celui de marin. En ce qui me concerne, il y a longtemps que j'aurais abandonné une carrière surchargée de dégoûts, si je n'avais rencontré chez les étrangers un accueil plein d'estime et de bienveillance, que j'ai considéré comme une compensation de celui que je recevais dans mon propre pays. Plût à Dieu que je l'eusse quittée avant ce dernier voyage !

On dira tout ce qu'on voudra, mais on ne me persuadera jamais qu'il ne se trouve pas en France des hommes capables de diriger convenablement notre commerce. Si l'on a des raisons pour ne pas les employer, qui nous empêche d'en demander aux Anglais ou aux Hollandais auxquels nous avons emprunté tant de choses, puisque nous ne pouvons nous tirer d'affaire autrement? Nous les paierons sans doute plus cher, mais au moins nous en aurons pour notre argent et y trouverons un grand bénéfice de reste. Je vote pour un directeur anglais ou hollandais.

Il y aurait un moyen bien simple d'arrêter le cours des rapines de la douane, qui serait d'adopter la méthode suivie en Suède, où les agents de l'autorité sont personnellement responsables des torts qu'ils causent aux particuliers. Mais quand un employé peut vous traîner pendant dix ans de tribunaux en tribunaux et vous ruiner sans qu'il lui en coûte un centime (comme celui-ci s'en est vanté à mon égard), n'est-ce pas nous livrer pieds et poings liés à sa sottise ou à sa malveillance ?

Durant ma longue carrière, j'ai à peine rencontré chez les étrangers deux ou trois employés moins bienveillants que les autres, et ceux-là avaient été en France témoins des procédés de notre administration. Pour justifier leurs rigueurs, qui n'étaient que bagatelles en comparaison, ils me citaient ce qu'ils avaient vu chez nous, de même qu'on vous console d'une contrariété en la comparant à un malheur.

Je ne suis pas de ceux qui ravalent le temps présent au profit du temps passé, mais je ne puis m'empêcher de reconnaître que le commerce n'est plus aujourd'hui ce qu'il était même il y a vingt ans. La spéculation n'entre plus que comme accessoire dans les affaires, le principal est de tromper les autres en cherchant à ne pas l'être. On a cessé d'être négociant pour devenir légiste, afin de légitimer ses actes de fraude. Qui pourrait nier que ce déplorable résultat, qui ne se voit qu'en France, ne provienne de l'exemple donné par le gouvernement, lequel ne rougit pas d'employer les moyens les plus réprouvés pour faire entrer quelques écus de plus dans ses coffres?

Un Athénien débitait devant des badauds de son pays des fanfaronades où il exaltait ses exploits chimériques. Un Spartiate qui se trouvait dans la foule, se contenta d'adresser ces simples paroles à ceux qui l'entouraient : Ce qu'il dit, je le fais. Eh bien ! nous sommes relativement aux autres peuples ce que cet Athénien était à l'égard du Spartiate. Pourvu que nous puissions dire que nous sommes libres, nous sommes contents, tandis que la vraie liberté se trouve en réalité chez des gens qui n'en parlent pas. Je pose en fait qu'il n'est pas une nation plus opprimée que la nôtre, et qu'elle est la seule où l'on oserait se permettre les actes dont nous sommes témoins tous les jours. Nous n'avons absolument que la parole de libre. Si l'on m'objectait nos lois et nos tribunaux, je demanderais à quoi ils nous servent depuis qu'ils se croient appelés à sanctionner tous les actes du pouvoir. Partout ailleurs, les juges se regardent comme les défenseurs du faible, chez nous ils le sont des actes d'iniquité de nos maîtres, car si ignorants qu'ils soient souvent des questions commerciales qu'ils doivent décider, il y en a pour lesquelles il ne faut que la simple droiture. O mes chers compatriotes! vous pouvez être braves comme le Spartiate, mais permettez-moi de vous le dire avec tout le respect que je vous dois, de même que l'Athénien, vous n'avez pas l'ombre du sens commun.

Et maintenant, lecteur, quoiqu'il me fût facile de vous offrir encore quelques douzaines de réflexions aussi intéressantes que celles qui précèdent, persuadé que vous en avez assez pour le moment, je vous adresse mes compliments d'adieu. Le but de cette brochure était de vous éclairer sur les intérêts compromis de notre commerce et sur une oppression dont, sans doute, vous ne pouviez vous former une idée. Si j'ai réussi à me concilier votre faveur et votre approbation, je les regarderai comme un dédommagement de tout ce que j'ai souffert; et dans l'espérance d'un meilleur avenir, je dirai avec un ancien exilé : O dieux, faites que nous puissions supporter l'injustice!

APPENDICE.

Pour satisfaire le désir des personnes qui voudraient avoir un échantillon de la logique de notre directeur des douanes, je joins ici copie de sa lettre adressée à mon consignataire en réponse à la demande du bénéfice de la loi pour ma cargaison. Si le lecteur ne me regarde pas comme un menteur effronté, qui a voulu abuser de sa bonne foi, s'il se rappelle le chapitre intitulé, *une loi protectrice*, où j'ai prouvé non-seulement que jamais un seul mot n'avait été dit en faveur de l'origine des marchandises, mais que l'unique avertissement se trouvait dans la transposition frauduleuse de la particule *des*, et un arrêt inconnu de la cour de cassation, elles pourront apprécier toute l'impudeur de celui qui a osé l'écrire.

Paris, le 6 septembre 1843.

A Monsieur Frédéric de Conninck et compagnie, négociants au Havre.

MESSIEURS,

Vous m'avez fait l'honneur de m'écrire le 22 du mois dernier et le 2 du mois courant, pour réclamer contre le refus qu'a fait la douane du Havre d'admettre, au bénéfice de la réduction du cinquième des droits d'entrée, des cafés rapportés de Manille par le navire français l'*Elisabeth*, capitaine Geoffroy. Ce refus est motivé sur ce qu'il a été reconnu que les cafés dont il s'agit proviennent originairement de Java et de Padang, c'est-à-dire, de pays situés en deçà de ceux que la loi a entendu favoriser. Mais il vous paraît que la douane n'avait nullement à s'occuper, dans la circonstance, de l'origine de la marchandise ; le fait de son embarquement à Manille devait, à votre avis, suffire pour la faire participer au bénéfice de la législation existante en faveur des produits naturels rapportés en droiture des contrées situées au-delà des îles et passages de la Sonde.

Je regrette, Messieurs, d'avoir à vous faire connaître que l'administration ne saurait partager votre opinion et qu'elle ne peut que maintenir au contraire la détermination qui a été prise dans la circonstance par la douane du Havre. En effet, il a toujours été entendu, même antérieurement à l'ordonnance du 2 septembre 1838, que la réduction du cinquième des droits n'était applicable qu'aux produits naturels *originaires des pays privilégiés*. De nombreuses décisions portées dans le temps à la connaissance du commerce, et bien postérieures au fait particulier que vous rappelez, ont consacré ce principe conforme d'ailleurs à la lettre comme à l'esprit de la loi. Moins que d'autres, Messieurs, vous ne pouvez l'ignorer, puisqu'en décembre 1839 vous aviez présenté à ce sujet une réclamation qui a été écartée par le Ministre, et que d'ailleurs un arrêt de la cour de cassation, en date du 18 mai 1841, que vous citez vous-mêmes, a confirmé et sanctionné la jurisprudence de l'administration à cet égard.

Au surplus, c'est pour fixer plus clairement le sens de la loi du 2 juillet 1836 et faire cesser toute équivoque que le législateur a pris soin, dans la loi du 6 mai 1841, de définir parfaitement la limite du bénéfice concédé par la première loi. C'est ainsi qu'en rappelant la disposition qui en avait été l'objet, il ajoute, en termes formels, que cette disposition ne doit s'appliquer qu'aux *produits naturels des pays situés au-delà* des passages et des îles de la Sonde.

Ce dernier texte est si clair, si positif, il tranche si nettement la question, qu'en sa présence le doute n'est plus permis et que l'argumentation tombe d'elle-même.

Je ne puis donc que persister ici dans la décision déjà prise et que le directeur de Rouen a été chargé de vous notifier.

Recevez, Messieurs, l'assurance de ma parfaite considération.

Le conseiller d'Etat, directeur de l'administration,

Signé : GRÉTERIN.